위기의 기로에 선
100억의 식탁

위기의 기로에 선
100억의 식탁

2025년 3월 18일 초판 1쇄 발행

지 은 이 정병태
이 메 일 jbt6921@hanmail.net
디 자 인 소도구
펴 낸 곳 한덤북스

신고번호 제2009-6호
등록주소 서울시 금천구 시흥대로 97 시흥유통센터 32동 302호
팩   스 (02) 862-2102

ISBN   979-11-85156-62-0 (03300)
정   가 17,500원

위기의 기로에 선
100억의 식탁

기후

환경

에너지

ESG

2도 낮은 세상으로

정병태 지음

우리가 모르는 기후재앙의 가속화

클로드 모네, 〈르아브르의 바다(The Sea at Le Havre)〉, 1868
캔버스에 오일, 60x816cm, 카네기 미술관

생동감 넘치고 인상적인 작품으로 유명한 프랑스 인상주의 화가 '클로드 모네Claude Monet, 1840~1926'는 자연적인 바다의 수면, 배, 해의 높이에 따라 변화되는 하늘의 색, 그 빛을 머금은 물의 색에 관심이 있었다. 그래서 조화로운 색채를 선택했고, 투박한 붓칠이 특징이다.

클로드 모네,
〈루앙 대성당 석양의 파사드〉,
1892, 오르세 미술관

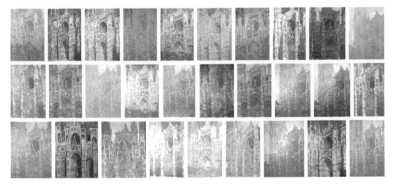

클로드 모네, 〈루앙 대성당 연작〉, 1892~1894

클로드 모네의 〈루앙 대성당 연작〉은 인상주의 예술의 정수를 보여주는 걸작이다. 모네는 루앙 대성당을 수차례 방문하며, 계절의 변화와 하루의 다양한 시간대, 변화무쌍한 날씨 속에서 동일한 대상이 어떻게 달리 보이는지를 섬세하게 포착해냈다.

이 연작의 진정한 주인공은 대성당 그 자체가 아닌, 그 위에 내리쬐는 '빛'이다. 모네의 붓끝은 성당의 석조 표면에 반사되는 빛의 미묘한 변화를 놀라운 정확도로 포착해낸다. 빛의 강도, 각도, 대기의 상태에 따라 성당의 외관은 시시각각 변모하며, 이는 화폭 위에서 황홀한 색채의 교향곡으로 승화된다.

◆

오늘날 사람들은 자연의 냄새를 점점 잊어가고 있다. 숲과 바다가 많은 산소를 만들어낸다는 사실을 알았다면, 우리는 자연을 이렇게 내버려두지 않았을 것이다. 지금 지구는 기후변화로 인해 매우 위급한 상황에 놓여 있다. 기후위기가 심각하도록 예상보다 더 빠르게 진행되고 있는 증거 중 하나는 무더위의 극단적 증가이다. 지구 평균기온의 상승은 자연환경에 직접적인 영향을 미치며, 이러한 변화는 다양한 측면에서 인류의 삶에 심각한 도전을 제기한다.

급격한 산업화와 도시화로 숲과 바다가 파괴되면서 산소 생산이 줄어들고, 지구는 갈수록 점점 더 뜨거워지고 있다. 이미 전 세계 곳곳에서 해수면 상승, 극단적인 날씨 변화, 생태계 파괴 등의 문제가 발생하고 있다.

이런 상황에서 진정한 **지속가능한 삶**을 위해서는 자연과의 조화로운 공존을 추구하며, 기후변화에 대응하기 위한 구체적인 행동이 필요하다. 특히 지속가능한 미래를 위해 자연과 함께 살아가는 방법을 다함께 찾아야 한다.

미래의 기후를 예측해보면, 2100년이 되면 기후 문제로 인해 화재, 태풍, 물 부족, 어획량 감소, 난민 문제, 지구온난화, 환경 문제 등이 더욱 심각해질 것이다.

나는 미래학 전문가로서 그동안 여러 에너지, 기후, 환경, ESG, 지정학 관련 데이터를 분석해왔고, 특히 2050년 지구의 위기를 예측해보았다. 연구 결과, 기후위기는 사람들이 예상하는 것보다 훨씬 심각한 상태였다. 우리가 생각하는 것보다 더 빠르게 진행되고 있다.

이 문제에 대해 모두가 공감하고 함께 해결책을 찾아 나서야 할 때이다. 우리의 미래를 위해 **지금 바로** 행동해야 한다. 이에 대응하기 위해서는 기후변화 완화를 위한 온실가스 감축 목표를 설정하고, 재생가능 에너지의 사용 확대, 그리고 기후변화에 적응할 수 있는 인프라 구축이 중요하다. 또한, 개인과 지역사회 차원에서도 에너지 절약과 지속가능한 생활 방식의 채택이 필요하다.

나는 일찍이 '기후위기 인문학'을 통해 지구 환경에 대한 관심을 높이고, 이를 해결하기 위한 대책을 마련하는 데 기여하고자 연구에 참여했다. 이는 특히 개인과 조직이 더 나은 미래를 위해 현재의 선택들을 해나가는 데 도움이 되도록 하기 위함이다. 또한, 변화하는 세상에서 새로운 일자리를 찾는 일도 돕고자 한다.

기후·환경·에너지·ESG 연구소에서

- 정병태 박사

차 례 .

들어가는말 우리가 모르는 기후재앙의 가속화 ·················· 4

1. 기후변화 예측으로 그리는 인류의 생존 지도 ·················· 11

2. 화석연료의 충격적인 현실 ·················· 21

3. 인류가 경험한 가장 뜨거운 지구 ·················· 37

4. 기후재앙의 임박 시그널 1.5℃ ·················· 49

5. 이미 시작된 기후변화의 재앙 ·················· 67

6. 향후 지구 2050년에 올 기후위기는? ·················· 77

7. 멸망 직전, 지구의 마지막 호소 ·················· 93

8. 달라진 환경에서 살아남기 - 플라스틱 오염 ·················· 111

9. 운석 충돌, 지구 역사상 최대의 재앙 ·················· 129

10. 기후위기 속 기업의 ESG 경영철학 ·················· 141

11. 씨앗과 우리가 직면한 10대 과제 ·················· 153

12. 환경, 사회, 지배구조(ESG)의 지속가능성 ·················· 169

참고문헌 ·················· 193

Chapter 1

기후변화
예측으로 그리는
인류의 생존 지도

"먼 미래를 내다보는 예측을 통한
기후위기 대비"

◦기후변화, 그 예측의 중요성

"과거를 멀리 돌아볼수록 보다
먼 미래를 내다볼 수 있다." – 윈스턴 처칠

우리가 숨 쉬는 공기, 마시는 물, 먹는 음식. 기후변화는 이 모든 것을 바꾸고 있다. 산업혁명 이후, 인류의 번영은 지구에 무거운 짐을 지웠다. 화석연료 기반의 현대 문명은 대기 중 이산화탄소를 급격히 증가시켜 지구의 열병을 야기했다.

이제 우리는 그 결과와 마주하고 있다. 식량 위기, 물 부족, 에너지 혁명, 생태계 붕괴, 새로운 질병의 출현. 이것이 기후변화가 우리에게 던지는 도전장이다. 지금, 우리의 선택이 인류의 미래를 결정한다. 이 위기를 새로운 기회로 삼아, 지속가능한 미래를 향해 나아가야 한다.

지구는 산업혁명 이후 이산화탄소 급격히 증가

사실 날씨 예측의 한계는 기후의 본질적 복잡성에서 비롯된다. 대기 현상은 초기 조건의 미세한 변화에도 민감하게 반응하여, 시간이 지날수록 예측의 불확실성이 증폭된다. 이러한 카오스적 특성으로 인해 단기 예보조차 어려움을 겪곤 한다. 그러나 이러한 불확실성에도 불구하고, 장기적 기후변화 예측은 필수적이다. 우리는 지구온난화의 정도를 정량화하고, 장마전선, 대기 온도, 태풍 등 주요 기상 현상의 패턴 변화를 지속적으로 분석해야 한다. 이를 통해 미래 기후 예측의 정확도를 점진적으로 향상시킬 수 있다.

이러한 목표를 달성하는 데 기후모형이 핵심적인 역할을 한다. 기후모형은 대기, 해양, 지면 등 기후시스템의 복잡한 상호작용을 수학적 방정식으로 단순화하여 시뮬레이션하는 정교한 도구이다. 이 가상의 지구에서는 바람, 구름, 강수, 극지방의 빙하 형성, 화산 활동, 심지어 미세먼지의 이동까지 모델링된다.

기후모형의 지속적인 발전은 우리의 미래를 밝히는 등불과 같다. 이는 기후변화의 불확실성을 줄이고 우리의 이해를 깊게 하여, 지속 가능한 미래를 위한 정책 결정의 견고한 기반을 제공한다.

인간 활동으로 지구온난화 급증

기후변화의 원인은 다층적이다. 태양 활동과 화산 폭발 같은 자연적 요인뿐만 아니라, 인간 활동으로 인한 온실가스와 에어로졸 배출도 주요한 역할을 한다. 지구온난화는 이러한 복합적 요인들이 상호 작용한 결과이다.

날씨와 기후는 같은 대기 현상을 다루지만, 그 시간 척도에서 큰 차이를 보인다. 날씨는 폭풍우나 눈사태와 같은 단기적 현상을 다루는 반면, 기후는 해양, 빙하, 지표의 장기적 변화를 포괄한다. 더불어 기후는 인간 활동으로 인한 점진적인 변화에도 민감하게 반응한다.

하여 날씨 예보와 기후 전망은 그 특성상 차이가 있지만, 둘 다 우리의 미래를 준비하는 데 필수적이다. 기후 전망의 불확실성에도 불구하고, 우리 모두가 협력하여 이를 극복해나가야 한다. 날씨 예측의 중요성은 일상생활과 재난 대응을 넘어 물, 식량, 에너지, 안보 등 국가 전략적 차원으로 확대되고 있다.

결론적으로 기후변화에 대한 우리의 이해가 깊어질수록 미래에 대한 전망도 더욱 명확해질 것이다. 이를 통해 우리는 불확실한 미래를 헤쳐나갈 사회적 합의와 통찰력을 얻을 수 있을 것이다. 기후변화 대응은 단순한 과학적 과제를 넘어, 우리 사회의 지속가능한 발전을 위한 핵심 과제로 자리 잡고 있다.

기후위기에 대응하기 위한 긴급 행동 촉구

최근 몇 년간, 아마도 지구촌에서 가장 충격적이고 혼란스러웠던 시기는 COVID-19 팬데믹 시기2019~2022로, 무려 697만 명의 생명이 희생되었다. 이 팬데믹은 우리의 일하며 생활하는 방식, 서로가 소통하는 생태를 근본적으로 변화시켰다. 그러나 그보다 우리가 직면한 더 큰 위협이 바로 지구온난화이다. 지구 표면온도가 크게 상승했다.

기후위기의 중요 키워드

현재 가장 주목받는 키워드는 '#우리', '#온난화', '#참여', '#환경', '#노력', '#RE100' 등으로 점점 더 많이 회자되고 있다. 또한, '#기후변화', '#탄소제로', '#쓰레기', '#플라스틱비닐', '#기후위기' 등도 여전히 강력한 키워드로 주목받고 있다.

이제는 기후변화에 대응하기 위한 청정에너지 전환을 적극적으로 준비해야 한다. 이는 단순한 환경보호를 넘어 경제 성장으로 나아갈 기회이다. 우리가 기후변화에 진정한 관심을 가지고 협력할 때, 비로소 지속가능한 발전도 이룰 수 있다.

또, 기후위기에 대응하고 대처하는 주체도 국가와 정부를 넘어서 각 개인으로 확대되고 있다. 환경보호가 우리 모두의 일상적인 과제로 부각되고 있는 만큼, 오늘 하루도 작은 부분부터 참여하며 더욱 노력해야 할 때이다. 긴급 행동 촉구는 우리 모두의 몫이다. 작은 노력의 연대가 큰 변화를 만들어낼 수 있다는 믿음으로, 함께 기후위기에 맞서 나아가자.

최근 이상기후와 함께 가장 많이 언급된 키워드는 '#탄소중립', '#넷제로Net-Zero'이다. '탄소중립'이란 개인이나 기업이 발생시키는 이산화탄소 배출량만큼 이를 흡수하여 실질적인 배출량을 '0'으로 만드는 개념이다. 이는 대기 중 온실가스 농도가 인간 활동으로 인해 증가하지 않도록 하는 것으로, '넷제로'라는 용어로도 불린다.

○ 제로 탄소 과제

지구촌은 다양한 자연재해로 어려움을 겪고 있다. 폭염, 폭설, 홍수, 산불, 가뭄 등이 세계 곳곳에서 빈번하게 발생하고 있으며, 이러한 경험을 통해 지구온난화에 대한 관심이 해마다 깊어지고 다양해지고 있음을 느낀다. 이상기후 현상이 심화될수록 우리는 지구 온도 상승을 막기 위한 탄소중립에 더 많은 관심을 가져야 한다.

기후변화 대응에는 개인의 참여가 필수적이다. 모든 개인이 일상의 작은 실천부터 시작해 기후위기에 대처해야 한다. 탄소중립은 더 이상 선택이 아닌 필수다. 전 세계는 2050년까지 제로 탄소화를 목표로 다양한 정책을 추진하고 있다. 이 혁신을 이루기 위해서는 연구 개발이 필수적이다. 제로 탄소를 달성하려면 새로운 기술이 필요하며, 이를 위해 우리가 실천해야 할 과제가 다음처럼 명확하다.

- 인공 고기   - 제로 탄소 비료, 시멘트, 철강
- 차세대 바이오 연료   - 전자 연료
- 그리드(Grid) 전기   - 수소 연료
- 저장 장치   - 제로 탄소 플라스틱
- 가스가 없는 냉각수   - 소비 습관 변화
- 기후변화 인식 증진   - 지역사회 참여

제로 탄소는 공짜로 이룰 수 없다. 많은 노력과 투자가 필요하며, 더 나은 기후환경을 위한 대가를 치러야 한다. 2050년까지 제로 탄소화를 목표로 하는 세계의 정책이 효과를 보려면, 혁신적인 아이디어와 기술 개발이 필수적이다. 개인도 기후변화에 대응하기 위해 작은 실천부터 시작해야 한다. 이를 위해서는 과학적 연구, 정책적 노력, 사회 인식의 변화가 함께 이루어져야만 한다. 그래야 기후위기에 효과적으로 대응할 수 있다.

기후환경 용어 이해

- **온실가스**Greenhouse Gases, GHGs

  지구를 포근하게 감싸는 보이지 않는 기체들이다. 마치 겨울철 온실이 작물을 따뜻하게 보호하듯, 이 기체들은 지구의 온도를 적절하게 유지해준다. 이는 기후변화와 관련된 극단적인 날씨, 해수면 상승 등의 문제를 유발한다. 주된 온실가스에는 다음과 같은 것들이 있다.

  ① **이산화탄소**CO_2: 화석연료의 연소, 산림 파괴 등 인간 활동에 의해 방출된다. 지구온난화의 주요 원인 중 하나로, 대기 중에서 오랜 시간 동안 머무를 수 있다.

  ② **메탄**CH_4: 농업특히 가축의 소화 과정, 쓰레기 매립지, 석유 및 가스 채굴 과정에서 발생한다. 메탄은 CO_2보다 훨씬 강력한 온실가스이지만 대기 중에서의 존재 시간이 짧다.

  ③ **아산화질소**N_2O: 주로 농업에서 비료 사용으로 발생하며, 대기 중에서 강력한 온실가스 역할을 한다.

  ④ **기타 온실가스**: 이외에도 플루오르화합물, 오존O_3 등도 온실가스로 작용한다.

- **에어로졸**Aerosols

에어로졸은 대기 중을 떠다니는 미세한 입자들을 말한다. 화산이 폭발할 때 나오는 먼지나 바다에서 날아오는 소금 입자처럼 자연적으로 생기는 것도 있고, 공장의 매연이나 자동차 배기가스처럼 인간 활동으로 만들어지는 것도 있다. 에어로졸의 주요 특징은 다음과 같다.

① **기후에 미치는 영향**: 에어로졸은 대기 중에서 태양광을 반사하거나 흡수하여 지구의 에너지 균형에 영향을 미친다. 이로 인해 지구의 평균기온을 낮추는 효과를 가져올 수 있다. 예를 들어, 황산염 에어로졸은 태양빛을 반사하여 냉각 효과를 일으킨다.

② **대기질 문제**: 에어로졸은 대기 오염의 주요 원인이며, 호흡기 질환, 심혈관 질환 등을 유발할 수 있다. 특정 에어로졸은 인간 건강에 매우 해로울 수 있다.

③ **기상 변화**: 에어로졸은 구름의 형성 및 지속성에 영향을 미쳐 강수 패턴을 변화시키고 극단적인 날씨를 유발할 수 있다.

이 두 물질은 지구의 체온을 조절하는 자연의 조절장치와 같지만, 균형을 잃으면 심각한 문제를 일으킬 수 있다. 건강한 지구 환경을 지키기 위해서는 이 물질들의 배출량을 잘 관리해야 한다. 특히 온실가스 감축은 기후변화 대응을 위해 전 세계가 풀어야 할 시급한 과제다.

Chapter 2

화석연료의
충격적인 현실

"화석연료,
대량의 온실가스를 배출하다"

° 대기오염과 기후변화, 인류의 시급한 과제

공장으로 인한 대기오염, Janak Bhatta 작품
(출처, 저작권: CC BY-SA 4.0)

지구는 산업혁명 이후, 예상치 못한 대가를 치르고 있다. 매일 대기 중으로 방출되는 이산화탄소의 양은 약 35만 개의 히로시마급 원자 폭탄이 발산하는 에너지와 맞먹는다. 이 충격적인 수치는 우리가 직면한 환경 위기의 규모를 생생히 보여준다.

현대 과학은 프랑스 철학자 르네 데카르트의 "모든 것을 의심하라"는 철학을 바탕으로 발전해왔다. 이러한 회의주의적인 접근은 우리가 당연하게 여겼던 것들에 대해 다시 생각해보게 만든다. 지금은 우리가 이 원칙을 환경 문제에 적용해야 할 때이다.

우리는 중대한 갈림길에 서 있다. 과거의 발전모델을 고수할 것인가, 아니면 지속가능한 미래를 위해 새로운 길을 모색할 것인가? 이는 단순한 환경 문제를 넘어, 우리와 미래 세대의 건강과 생존이 걸린 문제이다. 과학기술의 혁신, 정책의 변화, 개인의 의식 있는 선택이 어우러질 때, 우리는 이 위기를 극복하고 더 나은 세상을 만들어갈 수 있다. 지금이야말로 우리 모두가 함께 행동해야 할 때이다.

₀ 현대 도시의 숨은 위협, 스모그

우주를 떠도는 작은 먼지들이 서로 뭉쳐 태양을 만들고, 지구 또한 이 먼지에서 비롯되었다. 이렇게 작고 하찮게 여겨지는 먼지는 우리 삶과 긴밀하게 연결되어 있으며, 우리의 일상생활에서 중요한 역할을 차지해왔다. 황사는 그중에서도 모래보다 작은 흙먼지로, 과거 우리말로는 '흙비'라 불렀다. 흙비에는 칼슘과 마그네슘 같은 자연 기원의 토양 성분이 다수 포함되어 있으며, 인간 활동의 결과로 만들어진 오염물질도 함께 섞여 있다.

흐린 하늘을 덮는 뿌연 현상인 '스모그Smog'는 20세기 초 만들어진 용어로, 연기smoke와 안개fog의 합성어이다. 이는 불투명하고 악취가 나는 오염된 대기 현상을 지칭한다. 스모그의 주요 구성 요소는 질소 산화물, 황산화물, 오존, 그리고 미세먼지이다. 주로 공장의 화석연료 연소, 자동차 배기가스, 산업 활동, 화재로 인해 발생하며, 이들의 광화학 반응으로 더욱 악화된다. 정부에서는 이 스모그를 '미세먼지'라는 용어로 사용하고 있다.

세계보건기구는 스모그를 포함한 대기오염을 인류 건강의 주요 위협으로 규정했다. 특히 노약자와 호흡기 질환자에게 치명적이며, 심각한 질병과 조기 사망의 원인이 될 수 있다. 스모그의 주된 원인은 쓰레기 소각, 공장 배출물, 석탄 연소, 자동차 배기가스 등이다. 우리는 일상에서 이러한 오염된 공기로 직접 호흡하고 있다. 대기오염 문제를 해결하기 위해서는 개인의 인식 변화부터 산업 구조의 개선, 정부의 강력한 정책 시행이 필요하다.

◦ 황사의 발생

　세계적으로 먼지의 80~90%는 사막과 그 주변의 건조 지역에서 발생한다. 매년 10억에서 30억 톤에 이르는 흙먼지가 대기로 날아오르며, 그중 작은 입자는 대기 흐름을 타고 발생 지역을 넘어 널리 퍼져나간다. 예를 들어, 사하라 사막에서 일어난 모래폭풍이 흙먼지를 대서양까지 운반하는 현상이 대표적이다. 이와 마찬가지로, 몽골과 중국의 사막에서 발생한 황사는 한반도에까지 영향을 미치며, 그중 가장 흔한 입자의 크기는 3~10㎛이다.

◦ 스모그의 인위적 원인

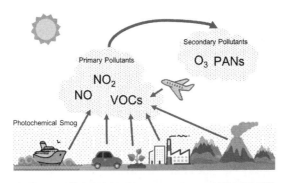

광화학 스모그 형성 다이어그램 (mrgsciences.com의 U 6.3.3 기반)
(출처: 다이어그램은 Li-Wei Chao가 만들었고, 아이콘은 https://icons8.com에서 다운로드함)

석탄

석탄은 주로 탄소로 구성되어 있지만 소량의 황도 포함되어 있다. 이 황이 공기 중의 산소와 반응하여 황산화물을 배출하며, 이는 스모그 형성에 기여한다. 석탄 화재는 개별 건물 난방이나 발전소에서 에너지를 생성하는 데 사용되며, 특히 겨울철 스모그를 유발하는 많은 연기 구름을 방출할 수 있다.

교통 배출

트럭, 버스, 자동차 등에서 발생하는 배출물도 스모그 형성에 중요한 역할을 한다. 차량 배기 시스템과 에어컨에서 나오는 부산물은 대기 오염을 일으키며, 특히 대도시에서 스모그를 유발하는 주요 요인이다.

교통 수단의 주요 오염물질은 일산화탄소CO, 질소산화물NO, NO_2, 휘발성 유기 화합물, 그리고 석유 연료가솔린, 디젤의 주요성분인 탄화수소이다. 이 외에도 배출물에는 소량의 이산화황과 미세먼지가 포함되어 있다. 질소산화물과 휘발성 유기 화합물은 햇빛, 열, 습기 등과 반응하여 스모그의 주성분인 지상 오존과 유해한 입자를 생성한다.

광화학 스모그

'여름 스모그'라고도 불리는 광화학 스모그는 햇빛, 질소산화물, 휘발성 유기 화합물이 대기 중에서 화학 반응을 일으켜 발생한다. 이 과정에서 1차 오염물질인 질소산화물NO, NO_2과 휘발성 유기 화합물이 2차 오염물질인 오존, 퍼옥실아실 질산염PAN, 알데히드를 생성한다. 광화학 스모그는 반응성이 강하고 산화력이 높아 현대 산업화의 대표적인 문제로 여겨진다. 특히 햇볕이 강하고 건조하며 자동차가 많은 도시에서 더 빈번하게 나타나며, 바람을 타고 인구 밀도가 낮은 지역에도 영향을 미칠 수 있다.

。도시를 덮는 스모그

스모그는 석탄 연소와 교통 배출에서 발생하는 오염물질이 주된 원인으로 특히 대도시에서 심각한 대기오염을 초래한다. 이러한 오염물질은 햇빛과 화학 반응을 일으켜 유해한 지상 오존과 미세먼지를 생성하며, 이는 광화학 스모그로 이어진다. 이 문제를 해결하기 위해서는 깨끗한 에너지원의 사용, 교통수단의 배출 감소, 개인의 적극적인 대기질 개선 노력이 필요하다. 지속가능한 환경을 위해 모두가 함께 행동해야 할 때이다.

기후위기의 시대에, 우리는 대기오염과 기후변화라는 인류의 중대한 도전에 직면해 있다. 지속가능한 미래를 위해서는 개인의 의식적 선택, 정부의 강력한 정책, 그리고 과학기술의 혁신이 필수적이다. 이제는 환경 문제를 더 이상 외면할 수 없으며, 모두가 함께 행동해야 할 때이다. 우리가 주로 의존하는 석탄, 석유, 천연가스와 같은 화석연료는 대량의 온실가스를 배출하므로, 기후변화의 핵심은 에너지 변화 문제에 달려 있다.

。지구온난화 1.5℃(2.7°F) 이상 높아짐

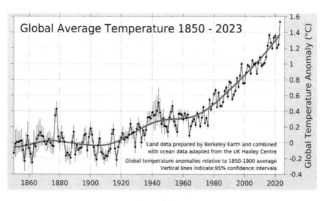

연간 기온 이상
(출처: https://berkeleyearth.org/global-temperature-report-for-2023/보고서)

버클리 어스의 분석에 따르면 2023년의 지구 평균기온은 1850~1900년의 평균기온보다 1.54±0.06℃2.77±0.11°F 높았을 것으로 추정한다. 연평균 기온이 산업화 이전 기준 기간보다 1.5℃2.7°F 이상 높아진 것은 이번이 처음이다. 이는 인간이 만든 지구온난화의 장기적 추세를 반영하는 것이다.

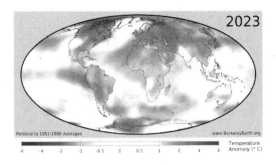

출처: https://berkeleyearth.org/global-temperature-report-for-2023/보고서

위 '2023년 기온 분포'를 보면 북극은 지구 평균 온난화를 초과하는 강한 온난화를 보였다. 문제는 현재 빠르게 더 높은 기온으로 가는 추세는 인위적인 지구온난화에 의해 주도되고 있다.

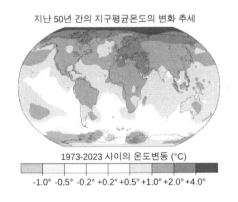

위 그림은 1956~1976년 평균 대비 2011~2021년 10년 사이 평균 지상기온 차이를 그린 지도다. 전체적으로 평균 0.5~1℃ 상승했다.

미래 지구는 어떻게 될까?

호모 사피엔스Homo sapiens는 유일하게 현존하는 인류이며 라틴어로 '지혜가 있는 사람'이라는 뜻이다. 약 20만 년 전에 지구상에 등장한 호모 사피엔스는 두 발로 서서 직립 보행하고 도구를 제작, 사용할 수 있었다.

human
(Homo sapiens)
male

호모 사피엔스의 주요 특징을 보면 복잡한 사회 구조를 형성하고 문화를 발전시켰다. 특히 예술, 음악, 종교, 법 등 다양한 문화적 요소들을 창조하고 유지해왔다. 문제 해결 능력, 다양한 환경에 적응하는 뛰어난 능력을 가지고 있었다.

오늘날 지구온난화의 주요 원인은 인간 활동으로 대기 중 이산화탄소와 메탄 등 온실가스 농도가 증가한 데 있다. 인간의 행동이 지구온난화에 직접적인 영향을 미치는 것이다. 다만, 기온이 얼마나 빠르게 상승할지에 대해서는 아직 불확실성이 존재한다.

그러나, 한 가지 단호하게 말할 수 있는 점은 '기후위기'가 더 이상 먼 미래의 일이 아니며, 우리의 삶에 강력한 영향을 미칠 것이란 점이다. 지구온난화는 이미 전 지구적인 현상이다.

태양계 행성 순서

이산화탄소 최고 배출

강의 시, 나는 늘 다음 세대에게 '미래의 지구는 어떤 모습일까?'라는 질문을 던지게 된다. 이는 기후변화와 지구 위기가 지구에 사는 우리 모두의 문제임을 명확히 알고 있기 때문이다. 미래를 내다보면, 기후위기는 그 어떤 문제보다도 긴급한 생존의 과제로 다가온다. 세계보건기구WHO 역시 기후변화가 21세기 인류 건강에 가장 큰 위협이 될 것이라 전망했다.

기후변화로 인해 지구 평균기온은 빠르게 상승하고 있으며 사막화가 가속화되고 폭염과 산불의 빈도도 증가하고 있다. 특히 북극의 온난화로 인해 영구동토층이 녹고 빙하와 해빙이 점차 사라지고 있다. 기온 상승은 더 강력한 폭풍을 만들어내고 기상이변을 일으키며 그 영향은 날로 심각해지고 있다.

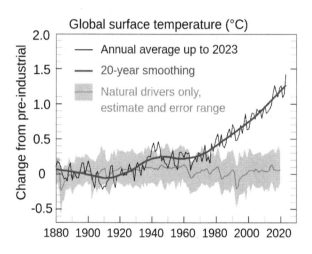

산업 혁명 이후 지구 표면 기온의 변화와 그 동인을 그린 그래프.
인간의 활동이 기온 상승을 일으켰고, 자연의 동인은 매우 미미하다.
(출처: Trenberth & Fasullo 2016)

2001년에서 2018년 사이에 지구 평균기온이 가장 뜨거웠다. 그중에서도 가장 뜨거웠던 해인 2016년에는 엘리뇨가 발생했다. 엘니뇨 현상이 발생하면 지구의 온도는 약 0.2℃ 상승하며, 반대로 라니냐일 때는 약 0.2℃ 떨어진다.

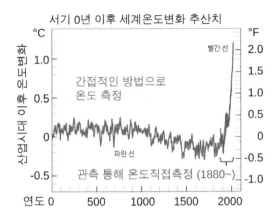

서기 0년 이후 세계온도변화 추산치

과거 2,000년간의 온도 기록을 재구성한 그래프.
파란 선은 나이테, 산호초, 북극 아이스 코어 등 간접적인 데이터를 이용해 추정한 온도 기록이다.
치솟는 빨간 선은 온도계를 통해 직접적으로 관측한 온도 기록이다.
(NASA, 2020년 2월 23일에 확인함)

산업혁명 이후 인류는 전례 없는 규모로 이산화탄소를 배출해왔다. 이러한 이산화탄소 배출은 지구 온도 상승의 주요 원인으로 지목되며 기후변화에 직접적인 영향을 미치고 있다. 이로 인해 지구의 생태계는 심각한 위협에 처해 있으며, 온실가스가 임계점에 이르면 인류의 생존마저 불확실해질 수 있다. 지금, 우리는 그 임계점에 점점 다가가고 있다.

IPCC의 최근 보고서에 따르면 지난 100년간 이산화탄소 농도 상승으로 지구 평균기온이 약 1℃ 상승했다. 이는 자연적으로 가장 빠른 온난화 속도로, 인간 활동이 배출하는 온실가스가 주된 원인임을 명확히 보여준다. 과학 연구는 지구온난화가 진행 중이며 그 속도 또한 점점 빨라지고 있음을 입증하고 있다.

산업혁명 이후 연평균 이산화탄소 농도는 지속적으로 높아졌다. 현재 대기 중 이산화탄소 농도는 46%, 메탄은 157%, 아산화질소는 약 22% 증가한 상태이다. 온실가스 중 이산화탄소는 온난화의 약 74%를 차지하며, 메탄은 약 19%, 아산화질소는 약 8%의 기여도를 보인다. 이러한 온실가스들은 대기 중에서 오랜 시간 동안 머무르며 지구에 지속적인 영향을 미치고 있다.

최근 들어 많은 이들이 환경보호에 관심을 기울이기 시작했다. 지속가능한 미래를 위해 지구온난화를 막는 데 우리의 노력이 필요하다. 지구는 인간 없이도 존재할 수 있지만, 인간은 자연 없이는 살아갈 수 없다.

⣿ 기후환경 용어 이해 ⣿

- 날씨, 기후: 고기압과 저기압 상황에서 기온, 습도, 강수량, 흐림, 바람 등이 시시각각으로 변하는 상태다. 이와 달리 기후는 긴 시간 동안 날씨의 평균 상태다.

- 기후 변동: 자연적인 요인으로 발생하는 일시적이고 주기적인 기후변화로 기후 평균값을 크게 벗어나지 않는 자연적인 움직임을 의미한다.

- 기후변화: 인간 활동 등으로 인해 기후 평균을 장기적으로 변화시키는 상태이다. 즉 기후 변동의 범위를 벗어나는 상태를 의미한다. 식량과 물, 에너지, 환경, 보건 등 사회 기반 체계에 커다란 영향을 제공한다. 앞으로의 기후는 우리가 상상하는 것보다 훨씬 크게 변화할 것이다.

- 기후위기Climate crisis: 지구온난화처럼 지구의 평균기온이 점진적으로 상승하면서 전 지구적 기후 패턴이 급격하게 변화하는 현상이다.

Chapter 3

인류가 경험한 가장 뜨거운 지구

"불타는 지구를
막기 위한 노력"

⦁지구가 불타다

기후위기를 해결하기 위해 가장 중요한 것은 현실 직시다. 이대로 계속 가면 사람이 살 수 없는 상황이 온다는 걸 받아들이고 할 수 있는 일부터 찾아 실천하는 것이다. 개인이라면, **종이 빨대 사용하기, 대중교통 타기, 텀블러 쓰기, 재활용 분리수거, 불 끄고 다니기 등**….

우리는 이미 50년 전부터 지구온난화 문제로 지구 환경이 파괴되고 있음을 알았다. 그런데 반세기가 흐르는 동안 심각한 환경 문제를 이슈화하지 않는다. 이는 정부가, 환경 단체가, 특정 지도자가 알아서 해야 할 일이라는 식으로 대처하려 한다.

인류가 기후를 관측해온 이래 가장 더운 기간이 언제였을까? 놀랍게도 그 답은 바로 최근이다. 2023년 7월의 첫 3주간이 인류 역사상 가장 더운 기간으로 기록되었다. 이 기간 동안 지구 곳곳에서 극심한 폭염이 이어지며, 온도계는 전례 없는 수치를 가리켰다. 역사상 최고 온도 기록 갱신이다. 지구 평균온도는 2023년 7월 6일 인류 관측 이래 압도적 최고치인 17.23℃였다.

미국 국립환경예측센터는 2023년 7월 3일 지구 평균기온이
섭씨 17.23℃도를 넘어서며 지구 사상 최고 온도를 찍었다고 발표했다.
(출처: 미 항공우주국〈NASA〉)

　기후변화가 지구에 계속해서 큰 영향을 미치면서, 전 세계 사람들의 집을 파괴하고 많은 생명을 앗아가고 있다. 기후변화는 전 세계적으로 큰 영향을 미치고 있으며, 이는 단지 숫자나 기록에만 해당하지 않고 실제로 사람들의 삶에 큰 피해를 주고 있다. 극심한 더위는 농작물을 제대로 자라지 못하게 하고, 물이 부족해지며, 에너지 사용량을 급격히 늘어나게 만든다. 이런 극단적인 날씨는 많은 사람들의 건강과 안전을 위협한다. 특히 고온으로 인한 열사병 같은 건강 문제는 노인과 어린이에게 위험하다.

해양 폭염, 바다가 뜨거워지고 있다

전 세계 바다가 뜨거워지고 있다. 이로 인해 해수면이 상승하고, 악천후가 많아지며, 빙하와 빙산이 녹고, 바다 생물들이 사는 곳이 변하는 등 큰 문제가 발생하고 있다.

출처: https://www.noaa.gov/climate

해양 폭염은 바다의 온도가 평소보다 훨씬 더 높아지는 현상으로, 오랜 기간 지속된다. 이런 현상은 과거에도 있었지만, 지난 100년 동안 더 널리 퍼지고 강해졌다. 대기 중에 온실가스가 늘어나면서 바다가 더 많은 열을 흡수하고 있기 때문이다. 이로 인해 해수면 상승, 악천후 증가, 산호초의 대규모 표백, 빙하와 빙산의 녹음 등 큰 문제가 생긴다.

지구는 태양에서 오는 에너지를 흡수하고 그중 일부를 다시 우주로 내보낸다. 흡수하는 에너지와 내보내는 에너지가 같으면 지구의 온도가 일정하게 유지된다. 하지만 에너지의 균형이 맞지 않으면 지구는 점점 더워지거나 추워진다.

지구 표면의 70% 이상을 차지하는 바다는 지구에서 가장 큰 태양에너지 저장소 역할을 한다. 물은 공기보다 더 많은 열을 흡수할 수 있어서 온도를 크게 올리지 않고도 많은 열을 저장할 수 있다. 즉, 바다는 오랜 기간 동안 열을 저장하고 방출하면서 지구의 기후를 안정시키는 중요한 역할을 한다. 그러나 최근 수십 년간 온실가스가 증가하면서 과도한 열이 우주로 빠져나가지 못하고 지구온난화를 일으키고 있다. 이런 상황이 계속되면 바다와 지구 전체에 더 큰 문제가 발생할 수 있다.

인류는 적극적으로 재생 가능 에너지 확대를 통해 해양 폭염을 줄일 대안을 모색해야 한다. 지구온난화의 주요 원인으로 작용하는 온실가스 감축 노력과 함께, 태양력, 풍력, 수력 등의 재생 가능 에너지를 활용함으로써 지구의 생태계를 보호해야 한다.

소녀는 어떻게 환경운동가가 되었나?

〈The Times〉 표지.
스웨덴 출신의 10대 운동가 그레타 툰베리(Gre
ta Thunberg). 2019년 올해의 인물로 선정되
었는데, 역대 최연소 수상자였다. 타임지는 지구
가 직면한 가장 큰 문제에 대해 설득력 있는 목
소리를 내는 한 시대의 아이콘이라고 극찬했다.

그레타는 초등학교 2학년 때 기후변화에 관해 처음으로 들었다고
한다.

> "방을 나갈 때에는 불을 끄는 것이 좋아요." 선생님이 이어서 말했다.
>
> "그리고 필요 이상으로 많은 물을 사용하지 말아야 하고요.
>
> 건강한 지구를 위해 우리의 자원을 아껴야 한답니다."
>
> (중략)
>
> 그레타는 스스로 기후변화에 관한 글을 찾아 읽기 시작했다.
>
> 알면 알수록 어른들의 세계에 대한 배신감이 들었다.
>
> – 〈그레타 툰베리: 소녀는 어떻게 환경운동가가 되었나?〉, 17~18쪽

15세의 평범한 소녀 그레타 툰베리. 2018년 스웨덴 의회 밖에서 시작한 '학교 파업'은 전 세계 어른들, 특히 영향력 있는 지도자들과 기업가들에게 '기후위기'의 책임을 물으며 강력한 경고장 역할을 한다.

〈그레타 툰베리: 소녀는 어떻게
환경운동가가 되었나?〉(2023, 책담)
알렉산드라 우르스만 오토(지은이),
신현승(옮긴이), 로저 튜레손(사진)

◦환경 파괴와의 싸움: 안토니우 구테흐스의 예언과 도전

다음의 발언들은 세계를 향한 경고다. 발언자는 누구일까?

"온난화 단계를 넘어 지구가 끓어오르는 시대에 접어들었습니다."
"기후변화는 이제 시작에 불과합니다."
"기후위기에 당장 대응하지 않으면, 21세기를 끝으로 인류는 종말을 맞게 될지도 모릅니다."

"기후변화는 지구가 직면한 실존적 문제지만 기온 상승을 1.5℃ 이내로 제한하겠다는 세계적 약속은 거의 수포로 돌아가고 있습니다."

"각국은 신뢰할 수 있고 투명한 기준으로 수립한 탄소중립 방안을 제출해주십시오."

"우리의 기후는 지구의 구석구석을 강타하는 극단적인 기상 현상에 대처할 수 있는 것보다 더 빨리 붕괴되고 있습니다."

바로 난민의 아버지로 불리는 현직 유엔 사무총장 안토니우 구테흐스Antonio Guterres다.

안토니우 마누엘 드 올리베이라 구테흐스
(포르투갈, 1949~)

나는 그의 말들을 접하기 전부터 일찍이 적극적으로 기후 에너지 환경을 고려한 'ESG 전환 활동'을 시작했다. 지구의 역사 속에서, 빙하는 약 1만 5천년 전에 녹기 시작했고 지구는 빠르게 따뜻해졌다. 이 빙하로 다양한 포유류가 사라졌다.

이제 기후위기는 더 이상 교과서 속 얘기나 먼 미래의 일이 아니다. 내 삶이 직면한 문제가 됐다. 그러나 우리가 에너지 기후 문제에 대해 잘 알고, 이해하고, 적극적으로 대응할 때만 긍정적인 변화를 끌어낼 수 있다. 앞으로 **에너지, 기후환경, ESG**는 가장 큰 혁명의 전환점을 맞아야 한다. 당장 사람들의 활동에도 변화가 필요하다. 기후환경을 파괴하는 가장 근본적인 원인이 인간들의 활동이다. 땅, 바다, 대기 및 기타 자연환경을 파괴하는 인간의 활동은 인류의 생존 위협을 촉진하고 있다.

인간이 무심코 일으키는 환경 파괴 활동인 플라스틱이나 유해물질 배출, 무분별한 도시 개발로 인한 산과 숲 훼손, 각종 대기오염, 기타 자연생태계 파괴 등은 역설적으로 인류의 생존에 큰 위협을 주고 있다. 그 대표적인 결과가 지구온난화이다.

환경 파괴에서 비롯되는 가장 위험한 미래 시나리오이기도 하다. 20세기 이후 지구의 평균온도는 섭씨로 상승 중이다. 이런 추세라면 21세기 말에 이르면 섭씨 약 5℃를 넘을 것으로 전망된다. 만약 이 일이 현실화되면 인류의 식탁과 활동은 공멸할 수도 있다.

[알고 가는 기후환경: 6대 온실기체]

① 이산화탄소, ② 메탄, ③ 아산화질소, ④ 수소불화탄소, ⑤ 과부화탄소, ⑥ 육불화황 등의 온실가스가 지구온난화의 촉매 역할을 한다.

기후변화의 역설: 재앙 속 숨겨진 새로운 기회

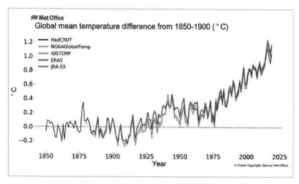

【그림 1】 1850~1900년 대비 전 지구 연평균기온 편차 시계열

지표면, 온도 변화

　문제는 이런 심각한 미래가 다가옴에도 불구하고 피드백으로도 눈에 보이는 가시적 결과를 만들어내지 못하고 있다는 것이다. 각국은 자기 나라의 국익 계산에 바빠서 환경과 오염, 이산화탄소 배출량 등의 증가 추세를 줄이지 못하고 있다.

온실가스의 주범은 자동차 매연, 석유 개발, 축산업 등이다. 특히 우리가 먹는 식품 중 양고기, 소고기, 치즈의 온실가스 배출량이 가장 높게 나타났다. 즉, 축산업이 온실가스 배출에 큰 비중을 차지한다는 것이다.

개인적인 입장이지만 환경 문제를 위해 채식 위주의 식사를 권한다. 고기를 먹더라도 덜 먹고 채식 식단을 늘린다. 음식을 남기지 않는 실천도 중요하다. 건강을 위해서도 좋은 선택이라고 생각한다.

2030년경이 되면 중국, 인도, 브라질 등 개발도상국들이 미국과 비슷한 수준의 에너지를 사용하면서 이산화탄소를 지금보다 60~70% 많이 배출할 것으로 예측된다. 인구가 증가할수록 더 많은 자원과 에너지가 사용되므로 더 많은 이산화탄소가 배출될 것이다. 하지만, 지금이라도 전 인류가 지혜를 모아 지구온난화를 저지할 수만 있다면, 새로운 기회를 얻을 수도 있다. 바로 자원개발의 기회다.

물과 천연가스, 석유, 신재생에너지, 광물, 각종 자원 등에서 엄청난 기회를 얻게 될 것이다. 이를테면 북극 항로 개척처럼 지구온난화가 가져다주는 뜻밖의 기회를 잘 활용하는 것이다. 새로운 북극 항로를 위해 해운, 항만, 플랜트 기술 등 북극 개발 붐이 일어날 것이다. 바람이 많은 곳에서는 풍력 설비, 일조량이 큰 곳에서는 태양광 설비가 필요하다. 더불어 미래에는 환경도시가 사람들의 관심과 인기를 끌게 될 것이다. 또 날씨를 이기는 첨단 하이테크 새로운 기술 등이 크게 발전하게 될 것이다. 우주항공이나 원격 기술은 더 커질 것이다.

내용을 정리하면, 기후변화가 가져올 위기 속에서도 북극항로 개척, 신재생에너지 개발, 환경도시 건설 등 새로운 경제적 기회가 존재하며, 이를 현명하게 활용하는 것이 미래의 과제이다.

지금 확산 중인 에너지, 기후 문제는 단순한 환경 문제를 넘어서 에너지 전환에 대한 시급한 대응을 요구한다. 이제 강력한 대응조치의 일환으로 화석연료 사용을 줄이고 재생에너지로의 전환을 촉진해야 한다. 탄소 배출을 줄이기 위한 모든 인류의 협력이 필수적이다. 또한 기후변화로 인한 피해를 최소화하기 위한 적응 전략도 함께 마련되어야 한다.

[지구를 위해 해야 할 생활 실천 3가지]

① 과대포장한 제품, 선물세트 등 피하기

② 재활용 및 분리배출하기

③ 빨대나 일회용 플라스틱 컵 덜 사용하기

Chapter 4

기후재앙의
임박 시그널
1.5℃

"1.5℃를 넘어서면
돌아갈 길은 없다"

。1.5℃ 임계점을 향한 위험한 여정

출처: https://www.metoffice.gov.uk/Met Office와
Exeter 대학의 Richard Betts 교수의 논문 참고

지구온난화가 가속화되면서, 우리는 매년 "역사상 가장 뜨거운 해"라는 기록을 갱신하고 있다. 이는 단순한 통계적 현상이 아닌, 우리의 생존을 위협하는 긴급한 경고이다. 산업화 이전 대비 지구의 평균기온은 이미 1℃ 이상 상승했다. 이는 인간 활동으로 인한 온실가스 배

출의 직접적인 결과이다. 더욱 우려되는 것은 최근 20년간의 평균 온난화 추세를 고려할 때, 우리가 파리협정에서 설정한 1.5℃ 임계점에 급속히 다가서고 있다는 점이다.

세계기상기구WMO의 최신 예측은 우리에게 시간이 얼마 남지 않았음을 보여준다. 향후 5년 내에 지구 평균기온이 적어도 1년 동안 1.5℃를 초과할 확률이 66%에 달한다는 것이다. 이는 단순한 통계적 가능성을 넘어, 우리가 직면한 기후위기의 긴급성을 명확히 보여주는 지표이다.

2023년은 이미 산업화 이전 대비 1.26℃ 더 뜨거웠다. 과학자들은 이러한 상승세가 계속될 것이며, 매년 새로운 기온 기록이 세워질 가능성이 높다고 경고한다. 이는 단순한 예측이 아닌 현재 진행 중인 기후변화의 현실을 반영한다.

1.5℃라는 수치는 단순한 숫자가 아니라 지구 생태계의 균형이 무너지기 시작하는 티핑 포인트Tipping point를 의미한다. 이 임계점을 넘어서면 우리는 예측 불가능한 기후재앙의 시대로 진입하게 된다. 해수면 상승, 극단적 기상 현상의 증가, 생태계 파괴 등 그 영향은 전 지구적이고 장기적일 것이다.

우리는 지금 역사적인 갈림길에 서 있다. 기후변화는 더 이상 먼 미래의 문제가 아닌, 현재 우리가 직면한 가장 시급한 과제이다. 개인,

기업, 정부 모두가 즉각적이고 과감한 행동을 취해야 한다. 재생에너지로의 전환, 지속가능한 생활방식 실행, 강력한 환경 정책의 전면 시행이 그 어느 때보다 중요해졌다.

1.5℃는 단순한 목표가 아니다. 그것은 우리 문명의 생존을 위한 마지노선이다. 우리가 지금 행동하지 않는다면, 미래 세대는 우리가 남긴 돌이킬 수 없는 재앙의 세상을 물려받게 될 것이다. 지금이 바로 행동할 시간이다.

₀ 파리협정과 지구온난화 1.5℃의 의미

2015년 12월, 파리에서 개최된 유엔 기후변화협약 당사국총회 COP21는 기후변화 대응을 위한 새로운 전환점이 되었다. 196개 당사국은 산업화 이전 대비 지구 평균기온 상승을 2℃ 이하로 제한하고, 나아가 1.5℃ 상승 제한을 위해 노력하기로 합의했다.

이 역사적인 파리협정은 단순한 온도 제한을 넘어 기후변화 적응과 재정 지원 등 포괄적인 기후 대응 방안을 담고 있다. 그러나 여기서 중요한 의문이 제기된다. 지구 온도 상승이 1.5℃에 도달했음을 어떻게 판단할 수 있을까?

이는 단순한 과학적 호기심을 넘어선 중요한 질문이다. 1.5℃ 온난화 도달이 공식적으로 인정되는 시점은 각국의 기후정책과 국제사회의 대응에 결정적인 영향을 미칠 것이기 때문이다. 또, 이것이 곧 인류의 미래를 좌우할 중대한 전환점이 될 것도 분명하다.

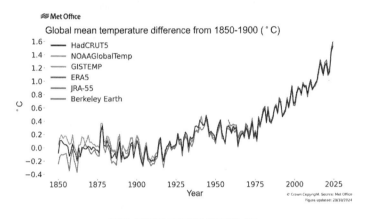

1850~1900년 이후 지구 평균기온 상승.
이 대시보드는 Betts et al.(2023)의 최근 논평에서 논의된 바와 같이
다양한 잠재적인 지구온난화 지표를 제시한다.
(출처: https://climate.metoffice.cloud/current_warming.html)

기후과학자들의 경고가 아니더라도 지금 이 순간 기후위기를 지나 기후붕괴 한계선을 넘어가고 있다는 사실을 우리는 현실에서 직접 뼈저리게 체험하고 있다. 국제 뉴스에서는 폭염, 태풍, 집중호우, 가뭄으로 수천 명의 사망자가 발생하며 이재민이 증가하고 있다.

2022년 세계기상기구WMO의 보고를 보더라도 글로벌 온실가스 배출 증가 곡선은 전혀 꺾이지 않았다. 대기의 이산화탄소 농도는 매년 올라가 2023년 1월 기준 419.7ppm에 이르렀다. 급기야 지구 생태계 연구자들은 '기후위기'라는 밋밋한 용어 대신 '기후붕괴'라는 용어를 써야 한다고 역설했다. 남극 서부 빙하가 녹는 속도 등을 감안할 때 1.5℃ 가드레일은 이미 무너져버렸다고 보기 때문이다.

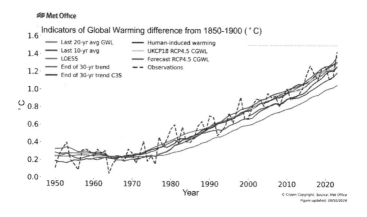

지구 표면 온난화의 다양한 지표.
IPCC 방법(Forster et al., 2024)에 근거한 1850~1900년 평균 대비 지구 표면온도 이상치의 연간 시계열은 점선으로 표시되어 있다. 다른 모든 선은 장기 표면온도 상승의 지표를 나타낸다.
(출처: https://climate.metoffice.cloud/current_warming.html)

새로운 연구에 따르면 온실가스 배출량을 줄이지 않으면 지구온난화 1.5℃를 방지할 수 있는 기회는 2030년 이전에 사라질 것이다. 이 중요한 기후 임계치에 도달하는 시기가 결국 앞당겨질 것으로 예측된다고 말했다. 런던 임페리얼 칼리지의 기후과학자인 로빈 램볼Robin Lamboll은 엄청난 말을 했다.

"저는 우리가 이미 강력한 하향 궤도에 있지 않다면, 1.5℃ 제한을 위해 싸우기에는 너무 늦었을 것이라고 생각합니다."

컴브리아 대학 교수이자 심층적응포럼의 설립자인 젬 벤델Jem Bendell은 "앞으로 폭염, 폭우, 폭풍, 전염병과 그로 인해 다방면으로 입는 피해의 빈도와 강도는 기존 예상보다 빠르게 증가할 것이다"라고 말했다.

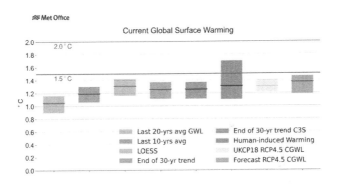

현재 지구 표면 온난화의 지표.
산업화 이전 시대(1850~1900년 평균) 대비 현재 지구 표면 온난화 수준.
음영 처리된 영역은 불확실성 범위를 나타낸다.
파리협정의 장기적 온도 목표는 온난화를 2.0℃ 이하로 유지하고
산업화 이전 시대 대비 온난화를 1.5℃로 제한하기 위한 노력을 추구하는 것이다.
(출처: https://climate.metoffice.cloud/current_warming.html)

이러한 경고들은 우리에게 한 가지 메시지를 명확히 전달한다. 지금 당장 **행동해야 한다**는 것이다. 개인, 기업, 정부 모두가 온실가스 배출을 극적으로 줄이기 위한 긴급하고 과감한 조치를 취해야 한다. 재생에너지로의 전환, 지속가능한 생활방식의 채택, 강력한 환경 정책의 즉각적인 시행이 필요하다.

우리는 지금 지구 기후의 역사적인 갈림길에 서 있다. 우리의 선택과 행동이 미래 세대의 운명을 결정할 것이다. 기후붕괴를 막기에 늦지 않았기를 바라며, 우리 모두가 이 긴급한 상황에 대응하기 위해 즉시 행동에 나서야 할 때이다.

॰ 최악의 시나리오: 기후붕괴에서 사회 붕괴로

지구 평균온도가 3℃ 이상 상승하는 최악의 시나리오는 단순한 기후붕괴를 넘어 사회 붕괴로 이어질 수 있다. 이는 우리가 직면한 위기의 규모를 명확히 보여주며, '**기후, 환경, 에너지, ESG**'와 생태경제학에 대한 관심과 연구의 필요성을 더욱 강조한다. 우리는 의식의 근본적인 변화를 통해 더 나은 해법을 찾아야 한다.

한국에서 '**기후, 환경, 에너지, ESG**' 분야를 연구하는 전문가의 수는 여전히 제한적이며, 관련 출판물도 충분하지 않다. 이는 우리 사회가 직면한 과제를 명확히 보여준다. 기후위기 대응은 정책 담당자나 기후운동가만의 책임이 아니라, 전 국민의 관심과 참여가 절대적으로 필요한 사안이다.

유엔 사무총장 안토니우 구테흐스의 경고는 우리의 현실을 날카롭게 지적한다. "탄소 배출을 줄이는 기후변화 대응을 제대로 하거나, 아니면 집단자살을 하는 선택밖에 없는 시점"이라는 그의 말은 우리가 직면한 위기의 심각성을 여실히 보여준다. 2022년 여름 유럽의 폭염으로 인한 대규모 사망 사건은 이미 기후위기가 우리의 일상을 위협하고 있음을 증명한다. 2022년 여름, 무려 45℃까지 기온이 올라갔던 포르투갈의 폭염으로 1천 명이 넘게 사망했고, 스페인에서도 700명이 넘게 사망했다.

2022년 무려 45℃까지 기온이 올라갔던 스페인과 포르투갈의 폭염
(출처: MBN 뉴스파이터 – 스페인·포르투갈 45℃ 폭염에 1천여 명 사망, 유튜브 썸네일 이미지)

공동의 책임과 실천
- 기후행동 핵심 전략 -

기후위기는 이미 우리의 현실이 되었다. 우리는 지금 역사적 전환점에 서 있으며, 우리의 선택이 미래 세대의 운명을 좌우할 것이다. 이 제안이 여러분의 기후위기 대응, 탄소 감축, 경제 패러다임 전환에 대한 진지한 성찰의 계기가 되기를 희망한다.

우리에게는 단 하나뿐인 지구가 있다. 이 소중한 터전을 보전하는 것은 우리 세대의 책무이다. 지금 이 순간부터 시작되는 작은 변화가 모여 큰 흐름을 만들 것이다. 우리의 미래, 그리고 다음 세대의 미래는 우리의 현재 행동에 달려 있다.

함께 행동하자. 바로 지금.

◆ 기후위기 대응을 위한 3대 핵심 전략

1. **대중 인식 제고를 위한 영상 미디어 활용**

   기후붕괴와 환경위기를 주제로 한 영화 제작은 대중의 환경 의식을 고양시키는 강력한 도구가 될 수 있다. 시청각 매체를 통해 기후위기의 심각성과 시급성을 효과적으로 전달하고, 사회적 공감대를 형성할 수 있다.

2. **기후·환경·에너지 ESG 전문가 네트워크 구축**

   지속가능한 미래를 위해서는 전문가들의 체계적인 연구와 실천이 필수적이다. 정기적인 포럼과 연구 활동을 통해 전문 지식을 공유하고, 이를 실질적인 정책과 행동으로 발전시켜 나간다.

3. **학술 연구와 지식 공유의 확대**

   환경, 생태계, ESG 등 관련 분야의 최신 연구 동향을 지속적으로 분석하고 공유함으로써, 보다 효과적인 기후위기 대응 방안을 도출할 수 있다.

지속가능 경제학Sustainable Economics은 더 이상 이론적 담론에 그쳐서는 안 된다. 이는 우리의 일상적 경제 활동에서 실천되어야 할 생활철학이며, 개인의 미시적 행동에서부터 사회 전반의 거시적 경제 구조를 아우르는 포괄적 개념이 되어야 한다. 환경 보전과 경제적 지속 가능성의 균형, 그리고 공동체의 지혜를 결집한 그린green 정책의 수립이 생태경제학의 핵심이다.

◆ 지속가능한 지구를 위한 6가지 실천 방안

전 세계적으로 가속화되는 환경 위기는 우리의 생존을 위협하고 있으며, 지금이야말로 개인과 사회가 함께 실천에 나서야 할 때다. 지속 가능한 미래를 위해 우리가 할 수 있는 구체적이고 효과적인 방법들을 살펴보겠다.

1. **탄소 배출 감소**
   - 재생 가능 에너지 사용: 정부와 기업은 화석연료 사용을 줄이고, 태양광, 풍력, 수력과 같은 재생 가능 에너지를 사용하도록 정책과 인프라를 확충해야 한다. 예를 들어, 대규모 태양광 발전소와 풍력 발전 단지를 설치하고, 가정과 기업이 태양광 패널을 설치할 수 있도록 지원하는 정책을 도입해야 한다.
   - 에너지 효율성 증대: 건물과 산업 설비의 에너지 효율을 높이는 기술과 설비를 도입해야 한다. 예를 들어, 고효율 LED 조명, 에너지 절약형 가전제품, 단열이 잘 되는 건축 자재 등을 사

용해야 한다. 또한, 에너지 관리 시스템을 통해 에너지 사용을
최적화하고, 불필요한 에너지 낭비를 줄여야 한다.

- 산업계의 변화: 산업계는 탄소 배출을 줄이기 위한 기술 혁신
을 추진해야 한다. 이를 위해 청정에너지 기술 개발, 탄소 포
집 및 저장 기술CSS 도입, 저탄소 제조 공정 등을 도입해야 한
다. 또한, 탄소 배출권 거래 제도를 통해 배출량을 관리하고
감축 목표를 달성해야 한다.

2. 녹색 교통 수단 확대

- 대중교통 이용: 대중교통을 활성화하여 자가용 사용을 줄여야
한다. 이를 위해 대중교통망을 확충하고, 편리하고 저렴한 대
중교통 서비스를 제공해야 한다. 예를 들어, 지하철, 버스, 트
램 등의 노선을 확대하고, 환승 편의를 높이기 위한 시스템을
구축해야 한다.

- 전기차 보급: 전기차와 같은 저탄소 교통수단의 보급을 확대하
고, 충전 인프라를 구축해야 한다. 이를 위해 전기차 구매에
대한 보조금 지원, 충전소 설치 확대, 전기차 전용 주차 공간
제공 등의 정책을 도입해야 한다.

- 자전거와 도보: 도심 내 자전거 도로를 확충하고, 보행자 친화
적인 환경을 조성하여 자전거와 도보를 통한 이동을 장려해
야 한다. 이를 통해 교통 관련 탄소 배출을 줄일 수 있다.

3. 산림 보호 및 복원

- **산림 파괴 방지**: 불법 벌목과 산림 훼손을 방지하기 위한 법적 제도를 강화하고, 지속가능한 산림 관리 정책을 시행해야 한다. 예를 들어, 불법 벌목에 대한 엄격한 처벌과 감시 시스템을 도입하고, 산림 관리 인력을 확충하여 산림 보호를 강화해야 한다.

- **나무 심기**: 대규모 나무 심기와 숲 복원을 통해 대기 중의 이산화탄소를 흡수해야 한다. 이를 위해 정부와 기업, 시민이 함께 참여하는 나무 심기 캠페인을 전개하고, 숲 조성 프로젝트를 추진해야 한다.

- **토양 관리**: 토양 건강을 유지하고 복원하여 탄소 흡수 능력을 증대시켜야 한다. 예를 들어, 유기물 퇴비사용, 지속가능한 농업 관행 도입, 토양 침식 방지 등을 통해 토양의 탄소 저장 능력을 높여야 한다.

4. 지속가능한 농업과 식량 시스템

- **친환경 농법**: 화학 비료와 농약 사용을 줄이고, 유기농과 같은 지속가능한 농법을 도입해야 한다. 이를 통해 토양과 수질을 보호하고, 생물다양성을 유지할 수 있다.

- **식물성 식단**: 육류 소비를 줄이고, 식물성 식단을 확대하여 농업 부문의 탄소 배출을 줄여야 한다. 예를 들어, 대체 단백질

식품 개발과 보급을 통해 식물성 식단을 쉽게 선택할 수 있도록 해야 한다.

- 식량 낭비 줄이기: 식량 낭비를 줄이고, 효율적인 식량 분배 시스템을 구축해야 한다. 이를 위해 식품 유통 기한 관리, 잔반 줄이기 캠페인, 식량 구호 활동 등을 강화해야 한다.

5. 환경 교육과 인식 제고

- 교육 프로그램: 학교와 지역사회에서 기후변화와 환경보호에 대한 교육을 강화해야 한다. 예를 들어, 기후변화 교육을 정규 교과과정에 포함하고, 환경보호 활동을 통해 학생들의 실천 의식을 높여야 한다.

- 공공 캠페인: 미디어와 소셜 미디어를 통해 환경보호의 중요성을 널리 알리고, 개인의 행동 변화를 유도해야 한다. 이를 위해 다양한 홍보 자료와 캠페인을 제작하고, 유명 인사와 협력하여 메시지를 전파해야 한다.

- 참여 유도: 시민들이 환경보호 활동에 적극 참여하도록 유도하고, 환경보호 단체와의 협력을 강화해야 한다. 예를 들어, 지역 커뮤니티에서 환경보호 모임을 조직하고, 자원봉사 활동을 통해 시민 참여를 촉진해야 한다.

6. 정책 및 국제 협력

- **강력한 정책**: 정부는 강력한 환경보호 정책을 시행하고, 기업과 개인의 환경보호 노력을 지원해야 한다. 예를 들어, 탄소세 도입, 환경 규제 강화, 재생 가능 에너지 지원 정책 등을 통해 기후변화 대응을 강화해야 한다.
- **국제 협력**: 전 세계 국가들이 협력하여 기후변화에 대응하고, 국제 협약을 통해 공동의 목표를 설정하고 달성해야 한다. 예를 들어, 파리협정과 같은 국제 협약을 통해 국가 간 협력을 강화하고, 기술과 자원을 공유하여 글로벌 기후변화 대응 능력을 높여야 한다.
- **기술 혁신**: 친환경 기술 개발을 위한 연구와 투자를 확대하고, 혁신적인 기술을 상용화해야 한다. 이를 위해 정부와 민간 부문이 협력하여 연구개발R&D 지원, 기술 상용화 촉진, 스타트업 육성 등을 추진해야 한다.

기후변화 대응은 거대한 담론이지만, 실천은 우리 일상 속 작은 선택에서 시작된다. 이제는 환경을 위한 행동이 아닌 '우리의 생존을 위한 투자'로 접근할 때다. 우리가 만들어가는 작은 변화들이 모여 지구의 회복을 이끌어낼 것이다.

기후변화와 지구온난화 문제는 우리가 직면한 가장 큰 도전 중 하나다. 개인, 기업, 정부 모두가 협력하여 지속가능한 미래를 위해 노력해야 한다. 지금 당장 실천 가능한 행동을 통해 지구를 보호하고, 후손에게 건강한 지구를 물려줄 수 있도록 함께 노력해야 한다.

Chapter 5

이미 시작된
기후변화의
재앙

"지구가 현재 얼마나 위험한 상황으로 달려가고 있는지를 아는가?"

◦ 알렉산더 대왕의 죽음

마케도니아의 알렉산더 대왕BC 356-323은 고대 세계 최대 제국을 건설한 역사상 가장 위대한 장군이었다. 그러나 그는 33세라는 젊은 나이에 말라리아로 사망했고, 그가 건설한 거대한 제국은 부하 장군들에 의해 분열되고 말았다.

기원전 324년, 알렉산더의 평생 친구이자 연인이었던 부사령관 헤파이스티온도 열병으로 세상을 떠났다. 이듬해인 기원전 323년, 알렉산더는 더 큰 제국 확장의 꿈을 안고 바빌론으로 돌아왔지만, 그 꿈을 이루지 못했다. 그는 바빌론에서 열흘간 고열에 시달리다 6월에 사망했다.

역사가들은 그의 사인을 중동 늪지대 모기가 옮긴 말라리아나 오염된 물로 인한 박테리아 감염으로 추정하고 있다. 만약 알렉산더가 더 오래 살았다면 세계 역사는 어떻게 달라졌을까? 하지만 이러한 가능성은 단 하나의 전염병으로 인해 영원히 역사 속 의문으로 남겨졌다.

알렉산더 대왕의 이탈리아 폼페이의 고대 모자이크
페르시아 왕 다리우스 3세와 싸우는 알렉산드로스 3세 (나폴리 국립고고학 박물관)

박테리아는 땅, 물, 공기와 같은 외부환경에서 기생하는 작은 단세포생물이다. 하지만 이렇듯 평범한 전염병인 말라리아가 세계 역사에 중대한 영향을 끼쳤다. 세계 역사에서 장티푸스, 말라리아, 페스트 콜레라, 스페인독감, 코로나19는 인간의 삶을 흔들었고, 세계 역사를 바꾸었다. 그리고 새로운 문명을 만들고 있다.

서울아산병원 자료에 따르면 말라리아는 대부분 열대 지역에서 발생하며 세계 인구의 40%인 20억 명이 그 오염 지역에서 생활하고 있다. 매년 1억 5천만 명의 환자가 발생하며, 아프리카 대륙 하나에서만 매년 5세 미만 어린이가 1백만 명 넘게 사망하는 것으로 추산된다. 그리고 어쩌면 우리는 지금 이보다 더 큰 위기를 눈앞에 두고 있다.

암컷 모기: 대부분의 사람들은 감염성 모기에 물려 말라리아에 걸린다.

˚ 지구의 상황

만약 내가 세계 뉴스 기자라면 아마도 이런 멘트로 방송을 시작했을 것이다. "지구는 현재 얼마나 위험한 상황으로 달려가고 있는가?"

"지금 지구에는 태풍, 가뭄, 홍수, 산불 등 기후재난이 속출하고 있습니다. 이러다가는 두 번째 지구는 없습니다.
정말 충격적인 결과입니다.
우리 지구는 매년 510억 톤의 온실가스를 대기권에 배출하고 있습니다. 인간의 온실가스 배출 등으로 인해 지구 온도가 계속 상승하고 있습니다.

지구 기온이 근대적 기온 관측 이래 가장 높은 수치입니다. 매년 연속, 지구 온도는 사상 최고치를 갈아치우고 있습니다.

우리가 계속 온실가스를 배출하게 된다면, 지속된 기후변화는 재앙이 되고 말 것입니다. 하지만 우리가 삶의 방식을 바꿔 대처할 수 있다면, 기후변화가 초래할 재앙을 피할 수 있습니다."

기후·환경·에너지·ESG 전환

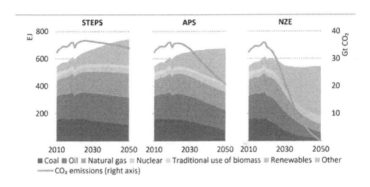

세계 1차 에너지 수요와 시나리오별 이산화탄소 배출량
(출처: IEA, World Energy Outlook 2021)

세계 1차 에너지 수요Global Primary Energy Demand는 2018년부터 2040년까지 연평균 1% 증가해 기간 내 23% 이상 증가할 것으로 전망된다.

2015년 파리협정에서 주요국은 지구 기온 상승을 1.5℃까지 억제하는 노력을 추가적으로 수행하기로 협의했다. 온실가스 배출량을 빠르게 감축하여 2050년까지 넷제로Net-Zero, 순배출량 '0'에 도달한다는 장기목표는 에너지 전환의 강력한 원동력이 되었다. 이를 위한 신재생에너지야말로 지속가능한 미래를 위한 필수 요건으로 기후, 환경, 에너지, ESG 등과 함께 지구촌 최대 화두로 부각될 것으로 전망된다.

신재생에너지로의 전환은 우리 생태계를 보전하고 생물다양성을 보호하며 인류의 지속가능한 미래를 보장하는 데 매우 중요한 일이다. 이제 우리나라도 신재생에너지 활성화에 박차를 가해야 한다. 수력, 풍력, 태양력, 폐기물 에너지, 바이오 에너지, 연료전지, 수소 에너지 등이 개발 및 상용화될 수 있도록 더 적극적으로 사람들의 인식 변화를 이끌어야 한다.

미국 스티븐 공과대학에 따르면 지난 100여 년 동안 뉴욕 지역의 해수면 전체 상승분 중 55%가 지구온난화 때문이라고 한다. 뿐만 아니라 기후변화는 농작물 생산량의 감소와 물 부족을 불러와 개발도상국을 더 심각한 빈곤에 빠뜨리게 된다.

UN의 이동성 야생 동물 종 보존에 관한 협약cms에 의하면 거의 모든 물고기에 달하는 97%가 이미 멸종 위기에 처해 있다. 뿐만 아니라 이동성 종 전체의 멸종 위험이 증가하고 있다.

인류는 지구온난화를 늦추는 데 관심을 갖고 기존 시설의 정비와

신규 시설 계획 때는 이를 감안한 환경 조성을 고려해야 한다.

　이제 인류는 지구온난화에 따른 기온 상승폭을 산업화 이전 대비 1.5℃ 이하로 낮출 것이냐, 아니면 대규모의 파국을 맞이할 것이냐의 기로에 서 있다.

[인류에게 닥칠 다섯 가지 주요 위협]

① 수자원 부족

② 생물다양성 훼손

③ 극한의 기후

④ 지구온난화

⑤ 환경오염

。신재생에너지의 이해

말했듯 환경오염 극복을 위한 노력은 이제 선택이 아닌 필수가 되었으며, 이러한 시대적 요구에 따라 신재생에너지가 주목받고 있다. 재생에너지Renewable Energy는 말 그대로 '재생이 가능한 에너지'를 의미한다. 여기에는 다음과 같은 자연 자원들이 포함된다.

· 태양광, 수력, 지열, 강수, 생물유기체

이러한 에너지원들은 사용 후에도 자연적으로 재생되는 특징을 가지고 있다. 즉, '신재생에너지'라는 용어는 '재생에너지'와 '신에너지'를 통합한 개념으로, 미래 에너지 산업의 핵심 축으로 자리하고 있다.

블룸버그 뉴에너지 파이낸스의 전망에 따르면, 2050년에는 전 세계 전력 생산량의 56%를 재생에너지가 담당할 것이다.

전 세계적으로 지구 제에 대한 대안으로 화석연료의 대부분을 대체하는 풍부하고 값싼 재생에너지태양열, 풍력, 수력, 원자력 개발에 박차를 가하고 있으며 사용하고 있다. 또한 세계 기업들은 ESG 경영의 필요성을 인식하면서 탄소중립을 위한 구체적인 전략을 실행하는 중이다. 앞으로 재생에너지 수요는 지속적으로 늘어날 전망이다.

◦ 기후난민

기후위기가 증가하면서 점점 더 많은 사람들이 폭염과 가뭄 등의 자연재해로 식량난과 주거난을 겪고 있다. 유엔 난민 보고서에 따르면 매년 기후변화로 세계의 난민이 늘어나고 있다. 또한 해수면 상승으로 지난 30년 동안 해안 지역에 사는 사람들의 수는 2억 6,000만 명으로 증가했다.

UN 세계 기후 위험지수 The Global Climate Risk Index 보고서에 따르면, 방글라데시의 경우 2050년까지 해수면 상승으로 국가의 17%가 물에 잠길 것으로 예상된다. 또한 약 2,000만 명의 기후난민이 발생할 것이라고 경고하고 있다. 이미 기후변화로 인도, 필리핀, 방글라데시, 중국 등은 400~500만 명을 이주시켰다. 한 대학 연구에 따르면 오는

2050년까지 뉴욕 주변의 해수면은 38~48cm 상승하고, 오는 2080년까지는 90cm 이상 상승하게 된다고 한다.

。2050년 미래 전쟁과 기후위기

20세기의 전쟁이 석유 자원을 둘러싼 패권 다툼이었다면, 2050년에는 수자원 확보를 위한 국제 분쟁이 예상된다. 물 부족 현상은 인류의 생존을 위협할 뿐만 아니라, 전 세계 산업 기반을 흔들 수 있는 심각한 문제가 될 것이다.

더욱 우려되는 점은 지구온난화로 인한 기후변화이다. 이는 해충과 질병의 전 지구적 확산을 초래하여 농작물을 파괴하고, 식량 생산량을 크게 감소시킬 것으로 전망된다. 결과적으로 전 세계는 심각한 식량 안보 위기에 직면하게 될 것이다.

이러한 위기를 극복하기 위해서 자연 생태계 보존과 식량 및 수자원 보안 강화가 시급하다. 특히 신재생에너지로의 전환은 더 이상 미룰 수 없는 과제가 되었다. 이는 정부와 기업, 그리고 시민사회가 함께 참여해야 하는 인류 공동의 도전과제이다.

Chapter 6

향후
지구 2050년에
올 기후위기는?

"사상 최초 기후재앙 마지노선
1.5℃, 돌파"

。점점 더 더워지는 지구

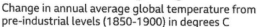

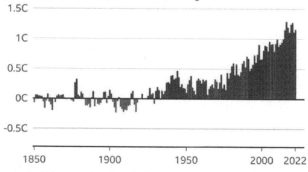

The world has been getting warmer
Change in annual average global temperature from
pre-industrial levels (1850-1900) in degrees C

Note: Average calculated from HadCRUT5, NOAAGlobalTemp, GISTEMP, ERA5,
JRA-55 and Berkeley Earth climate datasets
Source: Met Office   BBC

　세계기상기구WMO가 2027년 이전 지구 평균기온이 산업화 이전
대비 1.5℃ 상승해 임계점을 넘어설 확률이 66%에 달한다고 발표했
다. 이는 기후변화 대응의 마지노선으로 여겨져온 임계치에 예상보다

빠르게 도달할 수 있음을 시사한다. WMO는 이러한 가속화의 주요 원인으로 두 가지를 지목했다.

① 지속적인 인류 활동에 따른 온실가스 배출 증가
② 2024년 말 예상되는 엘니뇨 현상의 영향

특히 1.5℃ 상승 제한선은 2015년 체결된 파리기후협정의 핵심 목표다. 동 협정에서 196개 당사국들은 지구 평균기온 상승폭을 산업화 이전 대비 1.5℃ 이내로 억제하기 위한 적극적 노력을 약속한 바있다. 이 목표치를 초과하면 극단적 기후현상 증가, 생태계 파괴 가속화 등 돌이킬 수 없는 환경 위기가 초래될 수 있다는 점에서 국제사회의 우려가 커지고 있다.

。 파리협정과 IPCC의 역할

유엔기후변화협약 UNFCCC
전 세계 모든 국가에게 지구온난화 완화 의무를 부여하는 파리협정을 체결'15.12.하고, 기후변화위원회IPCC에 1.5℃ 목표의 영향, 감축경로 등을 평가하는 1.5℃ 특별보고서 작성을 정식으로 요청하고 그해 승인했다.

참고로 파리협정Paris Climate Agreement은 지구온난화를 방지하기 위해 온실가스를 줄이자는 전 지구적 합의안이다. 내용은 '파리협정 제2조는 지구 평균온도 상승을 2℃보다 훨씬 아래well below로 유지해야 하고 1.5℃까지 제한하도록 노력한다'는 규정이다.

유엔 정부 간 기후변화위원회IPCC

세계기상기구WMO와 유엔환경계획UNEP이 1988년에 공동 설립한 국제기구이다. 2018년 '지구온난화 특별보고서'는 '우리 인간이 지구를 망가뜨렸다'라고 밝혔다.

그동안 인류가 산업화와 기술 발전에만 전념하면서 환경 파괴 문제를 도외시해온 것은 사실이다. 이제 지구온난화에 따른 기온 상승폭을 산업화 이전 대비 1.5℃ 이하로 낮추지 않으면 지구와 인류는 위기를 맞이하게 될 것이다.

기후변화 완화를 위해서는 기후변화 속도를 줄이는 조치가 시급하다. 온실가스 배출을 제한하거나 방지하고 대기에서 가스를 제거하는 활동을 강화함으로써 지구온난화를 늦출 수 있다. 기후 완화는 모든 부문과 활동에 걸쳐 적용될 수 있으며 여기에는 에너지, 운송, 건물, 산업, 폐기물 관리, 농업, 임업 및 기타 토지 관리 형태가 포함된다.
참고로 전 세계 에너지의 8%가 태양광 및 풍력 발전을 통해 생산되고 있다. 생산 비용 및 에너지 가격이 엄청나게 저렴하다.

。지구는 얼마나 위험한 상황으로 달려가고 있나?

먼 옛날 생긴 '지구'라는 행성과 생명체들은 46억 년 동안 얼마나 변화무쌍하게 변화해왔을까? 다양한 생명의 멸종과 회복, 행성의 출현, 빙하와 홍수, 화산 폭발, 빅뱅 등 어마어마한 규모의 변화를 일으키며 지금의 새로운 지구가 만들어져왔다.

우리가 숨 쉬는 공기는 어디에서 만들어졌을까? 숲과 바다가 산소를 배출해준다. 그러므로 기후위기는 우리의 공기, 나아가 삶과 재산, 미래를 위협하는 일일 것이다. 앞으로 우리가 살아갈 미래는 결코 과거에 집착한 모습이어서는 안 된다. 지금부터는 전혀 다른 기반의 지구 환경에서 살게 될 것이다.

기후변화위원회IPCC는 2050년이 되면 지금보다 해수면이 높아져 많은 지역이 물에 잠기는 침수 피해를 당할 것으로 전망한다. 또한 지구 기온 상승으로 인해 가장 뜨거워지는 것은 공기와 바다다. 바다의 수온 상승은 태풍 피해를 키우고 뜨거운 기온 상승은 대형 화재로 번지게 된다.

이대로 2050년이 되면, 온난화로 인해 더위를 넘어 사람이 활동할 수 없는 수준의 열기와 습도를 접하게 될 것이다. 또한 지구의 해수면 상승 역시 2100년까지 평균 50~100cm는 더 오를 것으로 예측되고 있다. 문제는 해수면이 상승하면서 바닷물이 따뜻해져 바다에서 산소가 사라지게 된다는 것이다. 한마디로 인간이 거주 불가능한 지구가 될 것이라 전망한다.

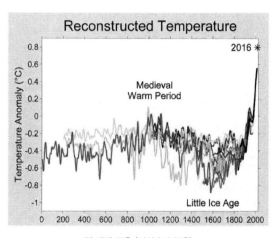

전 세계 기온 (서기 0년 이후)

온 역사를 통틀어 봐도 가뭄, 홍수, 전염병, 그 외 심각한 자연재해와 기후변화는 사람들에게 많은 해를 끼쳤다. 경제도 혼란에 빠뜨렸고 많은 피해와 사망을 초래했다. 문제는 앞으로 자연재해의 규모와 다양성이 과거보다 더 확대될 것으로 예측된다는 것이다. 전문가에 따르면, 지구온난화는 더 빠른 속도로 증가하고 있다.

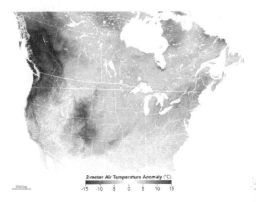

2021년 6월 27일 북미 전역의 극심한 기온 이상, 이는 1,000년에 걸친 기상 현상이다.
NASA 지구 관측소 이미지 (출처: https://prod-files-secure.s3.us-west-2.amazonaws.com)

。지구온난화의 요인

놀라운 사실. 지구온난화에 따른 변화는 공기의 온도를 높여 더 많은 얼음을 녹인다. 이는 다시 물의 온도를 높여 지구온난화를 가속화한다. 과거 기후환경을 보면 빙하가 녹으면서 어류 자원의 30%가 소멸했고, 포유종 21%와 식물의 70%가 멸종 위기에 처했다. 더 심각한 경우는, 만약 지구 온도가 3℃ 상승한다면, 기근 사망자 300만 명, 해안침수 피해인구 1억 7천만 명이 발생하고, 지구상 생물 종 50%가 멸절되는 멸종 위기에 처한다.

유엔 정부 간 기후변화위원회IPCC에 따르면, 1901년부터 2010년 사이 해수면이 19cm 상승하고, 1880년 이래 지구의 평균 표면온도가 0.8℃ 상승했다고 보고했다. 또한 많은 기후환경 학자들은 만약 이대로라면 2050년 전에 지구의 기온이 산업화 이전 대비 1.5℃ 상승한다고 예측했다.

유럽연합 기상기관인 코페르니쿠스 기후변화서비스Copernicus Climate Change Service는 '2023년 지구는 산업화 이전보다 1.48℃ 더 뜨거워졌다'고 밝혔다. 인간이 초래한 지속적인 이산화탄소 배출로 인한 지구 온난화를 그 원인으로 보았다.

현재 배출되는 온실가스의 77%는 이산화탄소다. 그 밖의 온실가스로는 메탄 14%, 이산화질소 8%, 불소화가스 1%가 있다. 온실가스 농도의 증가는 기온을 높이는 주요 동인이 되어왔다. 연소로 인해 발생하는 인위적 이산화탄소 배출은 단연 온실가스 배출의 가장 큰 원인이다.

다음 자료는 산업화 이전1850~1900 시기 대비 전 지구 연평균 기온차에 대한 6개의 전 지구 기온 데이터 세트1850~2021다.

기후변화의 심각성을 보여주는 4대 핵심 지표인 온실가스 농도와 해수면 상승, 해수 온도, 해양 산성도 등이 매년 최고치를 기록했다.

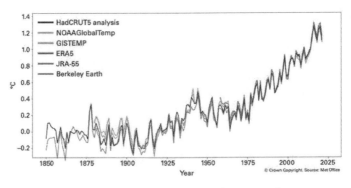

영국 기상청: 전 지구 기온 데이터 세트(1850~2021년)

◦기후변화에 대해 얼마나 알고 있는가?

현대 경영학자 피터 드러커가 말하길 "문화는 전략을 아침 식사로 먹어 치운다". 이는 기업문화의 중요성을 언급한 것이다. 구성원들이 좋은 기업문화를 공유하지 못하면 아무리 훌륭한 경영 전략도 가벼운 아침 식사처럼 사라져버릴 수 있다는 의미이다. 이때 기업문화 형성 과정에 가장 큰 영향을 미치는 것, '어떻게 말하는지'보다는 '어떻게 행동하는지'가 결과를 만들어낸다.

이러한 변화를 고려하면서 미래 사회를 전망해보건대, 번영의 시기에 새로운 세계 질서가 세워져야 평화도 누릴 수 있을 것이다. 동시에 우리는 인간이 평화롭게 거주할 수 없게 될 지구도 예측할 수 있다.

아마도 특정한 전쟁, 가뭄, 전염병, 에너지, 기후, 환경 등의 영역에서 각각 예측하지 않더라도 문명의 발전에 힘입어 훨씬 더 많은 인류가 오래 살게 되고, 더 높은 생활수준을 누리게 됨으로써, 역으로 풍요와 기근, 기후와 환경의 질, 건강과 질병 사이에서 위기가 오는 시기도 닥칠 것이라고 예측할 수 있다.

이는 지난 100년 동안 벌어진 사건들의 근거를 추정해보면 쉽게 전망할 수 있다. 이 학습이 계기가 되어 대대적인 기후 패러다임의 전환을 일으켜 지구를 깜짝 놀라게 할 준비를 이루었으면 좋겠다.

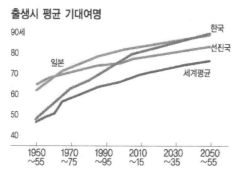

세계인구전망보고서는 한국, 일본, 선진국 등
대체로 OECD 국가들의 기대수명이 늘어날 것으로 전망했다.

이산화탄소는 정말 지구온난화를 촉진할까?

알 고어는 〈불편한 진실〉에서 대기의 이산화탄소 농도와 지구 평균 온도 간에 상관관계가 있기 때문에 이산화탄소가 지구온난화를 촉진하는 것이 틀림없다고 주장했다. 위 도표를 보면 지구온난화가 앞으로 극심해질 것이며, 지구에 상당한 영향을 초래할 것이라는 데는 의심의 여지가 없다. 주목해야 할 점은 지구온난화가 더 빠른 속도로 이루어지고 있다는 것이다.

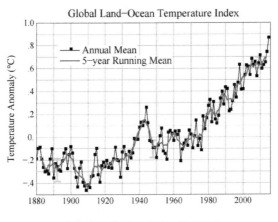

출처: 미 항공우주국(NASA), 지구온난화

。410억 톤의 이산화탄소

이제 지구촌 곳곳이 온난화로 폭염, 폭우, 홍수, 가뭄, 초대형 산불과 같은 기후재앙을 겪으며, 인간의 생존까지 위협하고 있다. IPCCIntergovernmental Panel on Climate Change가 승인한 6차 평가보고서는 기후온난화가 예상보다 빠르고, 그 추세 또한 가속화되고 있음을 경고했다.

 최근 사상 최악의 산불, 폭염, 홍수, 가뭄, 산불에 관한 뉴스를 쉽게 접하는 것은 우연이 아니다. 2021년 겨울왕국 캐나다는 기록적으로 수은주 49.6℃를 찍었다. 캐나다 서부의 한 마을은 대형 산불로 마을의 90%가 불에 탔다.

2023년 8월, 캐나다 사상 최악의 산불 (사진: 게티 갤러리)

 기후온난화의 주범인 이산화탄소는 인류가 화석연료를 마구잡이로 태워 얻은 대가다. BBC와 로이터 등 외신이 보도한 보고서 내용에 따르면 2022년 기준 인류의 탄소 배출량은 410억 톤으로 추정된다.

。청정에너지 전환 작업 탐구하기

지금부터 온 인류가 기후온난화가 더 이상 강화되지 않도록 막으려면 무엇보다 청정에너지로 바꾸는 일이 급선무다. 풍력과 태양광 발전은 지난 수십 년 동안 기하급수적인 성장을 거듭하면서 가장 저렴한 에너지원으로서 자리를 지켜왔다. 특히 새롭게 도입된 풍력 에너지는 1980년 당시 1kWh의 전력을 생산하는 데 57센트의 비용이 들었다. 그러니까 바람이 부는 장소에서라면 쉽게 저렴한 전략 에너지를 얻을 수 있다는 것이다. 더불어 태양광 에너지는 이보다 더욱 저렴하게 얻을 수 있다.

。태양광, 풍력 에너지

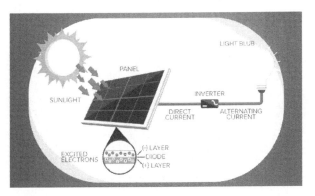

태양광 패널(Solar Panels)은 태양의 힘을 활용하고 이를 사용 가능한 전기로 변환한다.

미국 캘리포니아 주 샌 고르고 니오 패스(San Gorgonio Pass) 풍력 발전소

 풍력과 태양광 발전의 전력 생산 능력에 집중해야 되는 이유는 태양 빛과 바람이 공짜일 뿐만 아니라 여전히 풍부하다는 것이다.

 지금 우리 삶을 바꾸고 있는 기후위기, 기상이변, 지구온난화, 미세먼지, 식량과 물, 쓰레기 문제는 사회 기반 체계에 커다란 변화를 일으키고 있다. 급변하는 지구 환경 속에서 인류가 기후변화에 대응할 준비를 해야만 다음 세대에게 생명력 있는 지구를 넘겨줄 수 있다.

세계 최대 풍력 발전소인 중국의 간쑤 풍력 발전소 (이미지 출처: Wikipedia)

인류는 기후변화에 잘 대응해야 하고, 지구를 하나의 생명체로 대해야 한다. 기업에서는 ESG 요구사항을 준수하고 이산화탄소 배출량을 감축해야 한다. 제품 면에서는 새로운 친환경 제품이나 환경 친화적인 재료를 사용해야 한다. 국가는 국제 협력 하에 친환경 에너지 생산, 지속가능한 산업 절차, 그린green 소비자 상품 개발 등을 통한 국가 경쟁력 강화 노력에 더 나은 기회를 제공해야 한다.

이제 우리 모두가 지구의 미래를 위해, 나를 위해, 어떤 일을 해야 할지를 자각하고 실천할 시기다.

[기후환경 용어: RE100]

RE100(Renewable Electricity 100)은 '재생에너지 100%'의 약어인데, 2050년까지 기업이 사용하는 전력량의 100%를 재생에너지로 충당하겠다는 목표를 가진 글로벌 캠페인이다.

Chapter 7

멸망 직전,
지구의
마지막 호소

"멸망 직전의 호소
지금 행동하지 않으면 끝이다"

。첫 번째 기후위기 수업, 지구온난화

기후변화는 더는 의심할 수 없는 명백한 사실이다. 그래서 첫 번째
기후위기 수업에서 다음 질문의 답을 다 맞출 수 있도록 지구온난화
와 그 영향을 제시한다.

① 지구의 평균온도가 1℃ 상승하면 발생할 수 있는 현상은?

  → 북극곰이 멸종 위기에 놓인다.

② 2℃ 올라가면 나타날 수 있는 것은?

  → 마이애미, 맨해튼이 바다에 잠기고, 열사병으로 사망하는 환
   자가 늘어난다.

③ 3℃ 오르면 사라질 수 있는 것은?

  → 아마존이 사라지고, 바다의 플랑크톤, 조개, 갑각류가 사라
   진다.

④ 4℃ 오르면 어느 도시가 물에 잠길까?

　→ 해수면 상승으로 인해 뉴욕이 물에 잠긴다.

⑤ 5℃ 이상 오르면 어떤 생존의 문제가 일어날까?

　→ 정글이 모두 불타고, 가뭄과 홍수로 인해 사람들은 생존을
　　위한 전쟁을 벌인다.

⑥ 평균온도가 6℃ 오른 지구를 한마디로 말하면?

　→ 생물의 95%가 멸종한다.*

。녹색 지구의 마지막 신호

　현재 지구의 표면온도는 이산화탄소 및 온실가스의 배출 증가와 이로 인한 지구온난화로 1℃가량 상승했다.

　지구의 역사는 약 50억 년에 이르며, 인류의 직립 보행 시조인 호모 에렉투스는 400만 년 전에 출현했다. 이렇게 긴 진화의 여정 끝에 인류는 오늘에 이르렀지만, 역설적으로 우리의 발전이 지구의 위기를 초래하고 있다.

---

* 　이 이론은 개인 연구와 조사에 따른 결과이다.

2억 5,200만 년 전 페름기의 대규모 화산 활동이 초래한 재앙-지구 온난화, 해양 산성화, 산소 결핍-이 현재 인류의 산업 활동으로 재현되고 있다. 산업혁명 이후 화석연료 사용으로 인한 이산화탄소 배출이 주원인이다. 일례로, 자동차 한 대가 1km 주행 시 배출하는 이산화탄소만 약 200g에 달한다.

기후변화의 결과는 심각하다.

① 해수면 상승으로 인한 섬나라들의 수몰 위기
② 전 세계 수백 곳의 죽음의 해역 출현
③ 해양 생태계 붕괴 (전체 어종의 1/6 이미 소멸)
④ 매분 쓰레기차 1대 분량의 플라스틱이 해양 유입

특히 우리나라의 경우 2023년 8월 역사상 처음으로 전력 사용량이 이틀 연속 100GW를 초과했다. 이제 지구 생태계 회복을 위한 긴급한 조치가 없다면 인류는 가까운 미래에 심각한 대가를 치러야 할 것이다.

하버드대 생물학자 에드워드 윌슨의 경고는 명확하다. 현재의 자원 소비 속도라면 금세기 말까지 지구상 생물종의 절반이 멸종할 수 있다는 것이다. 특히 IPCCUN 기후변화 대응 기구 특별보고서는 충격적인 수치를 제시한다.

① 매 10년마다 지구 기온 0.2℃ 상승

② 2050년까지 1.5℃ 상승 불가피

③ 1.5℃는 기후붕괴의 최후 저지선

이제 우리는 결정적 갈림길에 서 있다. 지구의 운명을 좌우할 탄소 배출량 제한이라는 시급한 과제 앞에서, 더 이상의 지체는 허용되지 않는다. 기후위기는 단순한 환경 문제가 아닌, 인류 생존의 문제다. 이는 선택이 아닌 필수적 행동 변화를 요구한다.

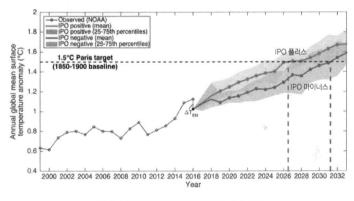

1850~1900년 대비 지구 평균온도 상승 전망

지구물리학연구지Geophysical Research Letters에 발표된 논문에 따르면 연구진은 2031년에 1.5℃ 억제선을 넘어설 것 같다고 추정했다.

위 도표를 보면, 위쪽 라인은 IPO 플러스 국면일 경우, 아래쪽 라인은 IPO 마이너스 국면일 경우다. 플러스 국면에선 2026년, 마이너스 국면에선 2031년에 지구 온도 상승폭이 1.5℃선을 돌파할 것으로 예측됐다.

。100년의 시한부 지구

2016년 물리학자 스티븐 호킹은 충격적인 예측을 내놓았다. "인류의 생존 시한이 100년밖에 남지 않았다"는 것이다. "우리는 지구의 공간을 다 써버리고 있다"는 그의 경고는 현실이 되어가고 있다. 인류는 생존에 필요한 양보다 식품은 3배 이상, 물은 무려 250배 이상을 소비하며, 매일 2kg의 쓰레기를 배출하고 있다. 이러한 과잉 소비는 지구의 수용 능력을 빠르게 초과하고 있다.

우리의 일상적 선택조차 지구의 운명을 좌우한다. 단순한 예로, 비닐봉지와 종이봉투의 선택을 들 수 있다. 종이봉투는 재활용이 가능하고 퇴비로도 활용할 수 있는 반면, 비닐봉지는 수백 년간 분해되지 않으며 해양 생태계를 파괴한다. 이처럼 사소해 보이는 우리의 선택이 지구의 미래를 결정한다.

기후변화는 단순한 날씨 변동을 넘어선 위험 신호다. 날씨가 시시각각 변하는 일시적 현상이라면, 기후는 장기간의 평균적 패턴을 의미한다. 현재 우리가 겪고 있는 기후변화는 이러한 자연적 변동의 범위를 크게 벗어난 위험한 상태다.

특히 1970년대 후반 이후, 산업화로 인한 기후변화가 가속화되어 왔다. 지구 온도는 위험한 전환점인 2℃ 상승을 향해 빠르게 접근하고 있으며, 이는 해수면 상승, 빙하 해빙, 산호초 생태계 붕괴로 이어지고 있다. 세계보건기구는 이미 매년 15만 명이 기후변화로 인해 목숨을 잃고 있으며, 이 수치는 앞으로 두 배 이상 증가할 것이라고 경고한다.

더욱 우려되는 점은 인류의 수명 증가가 역설적으로 환경 파괴를 가속화하고 있다는 것이다. 더 오래 살수록 더 많은 자원을 소비하고, 더 많은 쓰레기를 배출하는 악순환이 계속되고 있다. 이제 우리는 분명한 선택의 기로에 서 있다. 환경에 대한 관심과 실천적 행동 없이는, 호킹의 암울한 예측이 현실이 될 수 있다. 우리에게 남은 시간은 많지 않다.

。이기적인 인간에 의해 발생했던 오존층의 위기

지구를 감싸고 있는 대기권은 거대한 생명 보호막과도 같다. 즉, 오존층은 지구 생명체의 수호자와도 같다. 태양에서 쏟아지는 치명적인 자외선을 흡수해 지구의 생명체들을 보호하는 천연 방어막 역할을 한다. 이 보호막이 없다면, 과도한 자외선 노출로 인한 피부암과 심각한 화상의 위험에 모든 생명체가 노출될 것이다.

하지만 이 소중한 방어막에도 큰 위험이 닥쳐온 적이 있다. 염화불화탄소CFC라는 인공 화학물질이 주범이었는데, 흔히 프레온 가스로 알려진 이 물질에서 발생하는 염소 성분이 오존과 만나면서 오존층을 심각하게 파괴했었다.

오존층 파괴는 단순한 환경 문제가 아닌, 지구 생명체 전체의 생존을 위협하는 긴급한 해결과제였다. 다행히 인류는 1987년 몬트리올 의정서를 통해 오존층 파괴 물질의 생산과 사용을 단계적으로 중단했고, 이것이 세계적으로 높은 이행률을 보이며 오존층 회복에 중요한 역할을 했다. 완전한 정상화까지는 시간이 걸리겠지만, 구멍이 점차 줄고 있고, 2040~2060년경에는 산업화 이전 수준으로 회복될 것으로 전망된다. 이처럼 빠른 대응으로 염화불화탄소의 배출을 못 막았다면, 우리는 생명의 방패를 잃었을 것이다.

기후변화를 일으키는 요인

지구의 기후는 두 개의 거대한 힘이 만들어내는 변화의 흐름 속에 있다. 첫째는 태양이라는 자연의 힘이고, 둘째는 인류라는 새로운 변수다. 태양 활동은 지구 기후의 자연스러운 변동을 이끌어왔지만, 인간의 활동은 이 자연적 흐름에 위험한 가속도를 더하고 있다.

지구온난화의 원인을 들여다보면, 자연적 요인과 인위적 요인이라는 두 축이 존재한다. 그러나 특히 우려되는 것은 인간의 활동이 만들어내는 인위적 요인들이다. 이를 테면 급증하는 자동차 사용, 무분별한 산업 활동, 광범위한 산림 파괴, 과도한 토지 개발, 지속적인 환경오염 등이다.

이러한 인간의 활동들은 자연의 순환체계를 교란시키며, 기후변화를 예측 불가능한 방향으로 가속화시키고 있다. 이제 우리는 자연과 인간 활동 사이의 균형을 찾아야 하는 중대한 과제 앞에 서 있다. 지구의 미래는 이 두 힘의 상호작용을 얼마나 현명하게 조절할 수 있느냐에 달려 있다.

。심각한 지구온난화로 인한 생태계 파괴

지구가 끓고 있다. 단 1℃의 온도 상승이 북극을 무덤으로 만든다. 수천 년 동안 이어져 온 북극의 얼음왕국이 무너지고, 북극곰들은 녹아내리는 제국에서 마지막 숨을 거두고 있다.

지구온난화로 북극곰의 서식지가 녹고 있어 멸종 위기에 처했다.
(출처: https://jasonschaeffer.wordpress.com)

기후과학자들이 말하기를 기온 상승폭이 1.5℃를 넘기면 전 세계 폭염이 두 배로 늘고, 도시인구 3억 5천만 명이 물 부족에 시달리게 된다고 한다. 또, 2℃를 넘어서면 여름철 북극 얼음이 완전히 녹아버릴 수 있고, 생태계 붕괴와 함께 해류 순환체계가 망가질 수 있다.

기후변화는 폭염 뿐 아니라 걷잡을 수 없는 산불, 초대형 허리케인, 홍수 등 이상기후 현상을 일으켜 지구 생태계를 위협하고 있다. 특히 지구 온도가 상승함에 따라, 지구 환경에 맞춰 진화해온 1,200만 종 생물의 서식 환경을 살기에 적합하지 않은 상태로 바꾸어놓고 있다.

지금 세계 각국에는 보존이 필요한 동물들이 많이 있다. 그런데 멸종 위기에 놓인 동물들이 셀 수 없다고 한다. 인간의 이기적인 욕심이 생태계를 파괴하고 있다. 우리 모두가 숲과 동물, 식물 서식지를 지키는 일에 힘을 쓴다면 지구의 사용기한이 줄어드는 일을 막을 수 있다. 여러 생태계가 지속가능하게끔 보존하는 일은 우리 생명을 지속시키는 일이기도 하다.

기후변화로 멸종 위기에 처한 생물종 가운데, 가장 큰 위험에 노출된 동물은 어떤 동물일까? 벵갈 호랑이, 아프리카 치타, 자이언트 판다, 바다거북, 산호초 등이다.

위: 자이언트 판다(Giant Panda), 아래: 바다거북(Sea Turtle)

。기후 영화가 사실로

기후난민Climate Refugees은 지구온난화 등 기후변화로 인해 삶의 터전을 떠나야 하는 사람들을 의미한다.

세계경제포럼2019에서는 향후 10년간 인류에게 다가올 위험 요인으로 1위 기후위기, 2위 기후위기 대응 실패를 들었다.

유엔보고서에 따르면 온실가스가 **현재 수준**으로 방출된다면 2100년까지 해수면이 최대 91.4cm 상승할 것이라는 조사 결과가 있다. 미국 뉴욕과 영국 런던, 중국 상하이 등 세계적인 대도시들이 물에 잠길 수도 있다는 경고다.

만약 지구 온도가 지금보다 2℃ 오르면 마이애미, 상하이, 보스턴 등 도시 상당 부분이 물에 잠긴다는 예측이다. 그렇다. 앞으로는 기후위기로 인해 어느 나라의 국민이든 환경난민이 될 수 있는 세상이 열렸다.

'지구온난화Global warming'라는 말은 2006년 영화 〈불편한 진실〉이 나오면서 퍼져나갔고 이슈가 되었다. 지구온난화는 지구가 뜨거워져 지구의 평균온도가 높아지는 것을 가리키는 말이다. 그래서 '기후변화'의 의미로 사용하기도 한다.

영화 〈불편한 진실〉은 사람들이 가진 지구온난화에 대한 고정관념에서부터 시작됐다. 미국의 정치가 엘 고어는 지구온난화를 막지 못하면 지구촌에는 이상기후, 홍수, 가뭄, 전염병이 찾아오게 되리라고 예측했다. 고어가 스스로 출연하고 감독까지 맡으면서 2006년에 만든 다큐멘터리 영화가 〈불편한 진실〉이다. 노벨위원회는 2007년 노벨평화상 공동 수상자로 고어와 IPCC유엔 정부 간 기후변화위원회를 뽑았다.

영화 〈불편한 진실〉 포스터

2013년 개봉한 봉준호 감독의 영화 〈설국열차Snowpiercer〉를 보면, 지구온난화 문제를 해결하기 위해 살포한 화학물질로 인해 제2의 빙하기가 찾아온다. 설국 17년, 인류 마지막 생존 지역은 바로 영화 속의 설국열차이다.

흔히 기후변화는 인간의 욕심이 불러온 재앙이라고 말한다. 그러나 기후변화를 막으려는 인식과 철저한 준비를 병행한다면 인간은 이 위기를 슬기롭게 극복할 수 있을 것이다.

영화 〈설국열차〉 포스터

영화 〈투모로우〉 포스터

〈투모로우The Day After Tomorrow, 2024〉 역시 기후변화에 대한 심각성, 기후변화로 인한 자연재해에 시선을 둔 영화이다. 급격한 지구온난화로 인해 남극과 북극의 빙하가 녹아 해류의 흐름이 바뀌고 결국 지구 전체가 빙하로 뒤덮인다는 경고에서 출발한다. 개봉 당시 〈투모로우〉는 기후변화, 지구온난화, 에너지 사용 등 환경 문제에 커다란 관심을 불러일으켰다.

위 기후 관련 영화들을 통해 미래의 인류가 현재 살아가는 인간 활동의 인위적 요인들로 기후위기를 맞닥뜨리고, 모든 생명체의 활동이 위협받을 수 있다는 사실을 인식하며, 보다 책임 있는 환경 행동에 동참하는 계기가 되길 바란다.

물론 기후위기 영화는 허구적 설정을 기반으로 하지만, 그 속의 위기는 현실이 될 가능성이 충분하다. 아래 영화들을 통해 기후위기에 대한 진지한 성찰과 더불어 의미 있는 환경운동이 일어나기를 기대해 본다.

[기후위기, 환경오염을 다룬 영화 리스트]

- 월-E   - 더로드

- 불편한 진실   - 블루백

- 지오스톰   - 인터스텔라

- 옥자   - 투모로우

- 플라스틱 차이나   - 북극의 눈물

- 설국열차   - 비포 더 플러드

- 돈룩업

Chapter 8

달라진 환경에서
살아남기

- 플라스틱 오염

"인류에게
   남은 시간은 얼마인가?"

◦기후변화의 주범

기후변화가 전례 없는 규모로 지구를 위협하고 있다. 전 세계적으로 대형 산불과 폭염, 초강력 허리케인이 속출하는 한편, 생태계도 심각한 위기를 맞고 있다. 조류와 곤충의 개체 수는 절반으로 감소했으며, 산호초는 백화현상으로 사라져가고 있다.

이러한 현상의 주범은 명확하다. 인류가 배출하는 온실가스다. 과학계는 지구 평균기온이 산업화 이전 대비 2℃ 이상 상승하면 돌이킬 수 없는 기후재앙이 올 것이라고 경고한다. 매년 갱신되는 최고 기온 기록이 이를 입증하고 있다. 기후변화를 방치할 경우, 2100년까지 해수면은 최대 2m 상승할 것으로 예측된다. 이는 단순한 환경 문제를 넘어 일부 국가의 존립을 위협하는 실존적 위기가 될 것이다.

이 가운데, 대기 중의 이산화탄소 농도는 300만 년 만에 처음으로

400ppm을 돌파했다. 매년 510억 톤의 온실가스가 대기권으로 배출되는 현 상황에서, 기후재앙을 방지하기 위해서는 지구 평균기온 상승폭을 2℃ 이내로 제한해야 한다. 이를 위해 온실가스 배출 제로Net-Zero 달성이 필수적이며, 이는 기업들의 적극적인 참여와 우리의 동참 없이는 불가능한 과제이다.

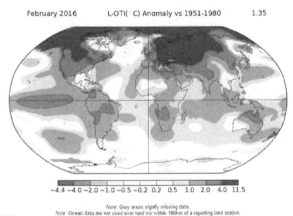

February 2016　　　L-OTI(℃) Anomaly vs 1951-1980　　　1.35

-4.4 -4.0 -2.0 -1.0 -0.5 -0.2 0.2　0.5　1.0　2.0　4.0 11.5

Note: Gray areas signify missing data.
Note: Ocean data are not used over land nor within 100km of a reporting land station

。오늘날 우리가 처해 있는 현실

최초의 에너지 전환은 13세기 영국에서 일어났다. 삼림이 크게 훼손되면서 나무 대신 석탄을 때기 시작했다. 당시 석탄은 나무 장작보다 가격이 저렴하고 쉽게 구할 수 있다는 장점이 있었다. 그렇게 1776

년 제임스 와트가 석탄을 증기기관의 연료로 투입하면서 산업혁명에 중요한 역할을 하게 된다.

석탄을 대신하는 석유는 1960년대가 돼서야 겨우 전 세계 에너지 자원으로 사용되기 시작했다. 천연가스는 2000년 이후 전 세계에서 사용량이 60%가량 증가했다.

우리는 19세기부터 화석연료를 태우기 시작했다. 제2차 세계대전 이후로는 그 사용량이 거의 10배 늘었다. 화석연료는 탄소를 만들어 낸다. 그런데 현재는 과거보다 더 많은 탄소를 배출하고 있다.

온실가스는 열을 가두어 지구 표면의 온도를 높인다. 그리고 한번 대기권에 배출된 온실가스는 아주 오랜 시간 대기권에 머무른다. 탄소를 계속 배출해 지구가 계속 더워지면 인류는 생존하기조차 힘들어질 수 있다.

현재 가장 많이 사용하는 재생에너지는 대부분 풍력과 태양광 에너지인데 문제는 공급과 활용이 충분하지 않다. 기후변화가 초래할 인류의 어두운 미래는 점점 더 현실화되고 있다. 가까운 미래에 탄소중립과 재생에너지로의 전면적인 전환이 이루어지지 않는다면 인류가 대재앙에 직면하게 될 것이라는 전망에는 이견이 없다. 즉, 재생에너지 전환은 인류가 당면한 최우선 과제이다.

기후위기 대응은 교육과 이해에서 시작된다. 에너지, 기후, ESG, 환경 분야에 대한 체계적인 학습을 통해 기후변화의 원인과 영향을 이해하고, 이를 바탕으로 실질적인 행동 변화를 이끌어내야 한다.

이미 애플, 구글, 마이크로소프트를 비롯한 전 세계 310여 개 기업이 탄소중립에 동참하고 있다. 에너지 자원이 부족한 우리나라는 차세대를 위한 이러한 글로벌 변화에 더욱 적극적으로 대응해야 한다. 그중 한국의 RE100 가입은 중요한 첫걸음이다. 미국과 EU가 기후대응과 탄소 배출을 무역정책과 연계하는 상황에서, 기업의 재생에너지 전환 지연은 곧 국가 경쟁력 약화로 이어질 수 있다. 에너지 전환은 이제 선택이 아닌 필수다.

。가팔라지는 온도 변화

앞으로 다음 세대가 살아갈 세상은 지금까지의 환경이 아니라, 기온 상승으로 모든 기반이 달라진 환경이다. 인류가 맞이할 기후위기는 단 한 번도 겪어보지 못한 장면일 것이다. 기후위기는 미래 세대가 살아갈 환경과 연관이 있다.

빌 게이츠의 책 〈기후재앙을 피하는 법〉을 읽으면 탄소 제로와 기후재앙에 대한 경각심이 생긴다. 서둘러 사회의 모든 측면에서 전례 없는 변화가 필요하다. 지구 온도가 산업화 이전 수준보다 2℃ 이상 상승하는 것을 막기 위해 온실가스 배출을 줄여야 한다.

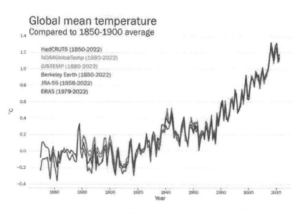

지구 평균온도 추이 (출처: 세계기상기구 홈페이지)

　지금 화석연료는 엄청난 속도로 탄소를 대기로 뿜어내고 있다. 이산화탄소 농도는 계속 치솟을 뿐이다. 그 결과 세계가 더워지면서 인류가 겪어보지 못한 수준으로 남극대륙의 빙하가 녹기 시작했다.

　기후변화가 심해질수록 점점 더 지구는 폭염과 가뭄 등의 자연재해로 사람들이 살아갈 수 없는 상황으로 변해간다. 식량난과 물 부족, 주거난을 겪으면서, 물과 숲이 있는 곳을 찾아 떠나야 할지도 모른다. 이미 기후변화로 여러 나라가 국민들을 다른 땅으로 이주시켰다. 뿐만 아니라 기후변화는 농작물 생산량의 감소와 물 부족을 불러와 더 심각한 위협 요소가 생길 수 있다. 네덜란드의 NUS 환경 연구소 연구진은 전 세계 4억여 명의 인구가 해수면 상승으로 삶의 터전을 잃을 수도 있다고 보고했다.

2012년 미국 뉴욕을 강타한 허리케인 샌디의 피해액은 약 70조 원에 육박했다. 2021년 7월, 북미 대륙에는 폭염이 덮쳤다. 최고 기온이 50℃로 치솟았다. 이러한 기후위기에 전 세계가 적극적으로 대처하지 않는다면 다음 세대들은 기후난민으로 살아갈 수도 있다.

이러한 기후위기를 완화하기 위한 구체적인 전략과 투자가 필요한 시점이다. 사전 분석과 예측을 통해 신속하게 대응 가능한 시나리오 계획이 중요하다. 이를테면 홍수, 폭염, 강풍, 산불과 같은 극한의 기상 상황에 조기경보 시스템을 구축하는 것이다.

[온실가스 배출량 중 인간의 행위가 차지하는 비중]

무언가를 만드는 것(시멘트, 철, 플라스틱)	31%
전기(전력생산)	27%
무언가를 기르는 것(식물, 동물)	19%
어딘가로 이동하는 것(비행기, 트럭, 화물선)	16%
따뜻하고 시원하게 하는 것(냉난방 시설, 냉장고)	7%

。탄소 배출 제로 목표

우리가 연합하여 탄소 배출량을 반으로 줄인다 해도 기온 상승을 멈출 수 없다는 것이다. 단지 기온 상승하는 속도를 늦춰 기후재앙을 연기할 뿐이다. 즉 지구온난화 자체를 막지는 못한다. 그래도 지구의 생존 전략은 온실가스 배출 마이너스-로 유지하는 것이다.

세계 모든 국가들이 2050년까지 '탄소 순배출 제로'를 목표로 실천하고 있음을 감안해 볼 때, 풍력과 태양광 에너지 활용이 얼마나 중요한지를 예측할 수 있다. 세계에서 일어나는 여러 이변과 재해들을 보면 남일이 아님을 알 수 있다. 아직 공감대가 존재하지 않으나 에너지 전환 만큼은 지속가능한 정책으로 이어가야 한다.

현재 도시는 전 세계 에너지 수요의 3분의 2, 즉 탄소 배출의 70%를 차지하고 있다. 탄소중립 실현을 위해서는 도시의 역할이 더욱 중요하다. 한 예로 미국은 2050년까지는 100%를 전기 차량으로 전환하려는 목표를 설정한 바 있다. 2035년까지 100% 재생에너지 전환을 목표로 두었다.

。탄소 제로 사회를 향한 시급한 전환

기후위기가 더 이상 먼 미래의 위험이 아닌 현실이 되면서, 인류는 그 심각성을 피부로 체감하고 있다. 주목할 점은 전 세계 온실가스 배출량의 약 40%가 건축물에서 발생한다는 사실이다. 도시화가 가속화되며 늘어나는 건축물과 조직들은 탄소 배출을 심화시키고 있다. 이제는 사회 전반의 탄소 제로 시스템 구축이 절실하다. 이를 위해 에너지 효율화, 재생에너지 도입, 스마트 빌딩 구현, 전력망 탈탄소화가 필수적이다.

이미 지구온난화는 전례 없는 폭염과 한파, 대규모 홍수와 산불로 그 위력을 드러내고 있다. 이는 더 이상 미룰 수 없는 인류 공통의 과제임을 경고하고 있다.

[기후환경 용어: 미세먼지]

사전적으로 미세먼지는 말 그대로 '가늘고 보드라운 티끌'을 의미한다. 반면에 오염은 '더럽게 물듦 또는 더럽게 물들게 함'을 의미한다. 미세먼지는 세계보건기구(WHO)에서 2013년 1군 발암물질로 규정했다. 질병관리본부도 미세먼지에 노출되면 폐암, 뇌졸중, 허혈성심질환 등의 질병 위험도가 높아진다고 밝혔다.

。플라스틱 환경 문제

석유 화학물질을 많이 쓸수록 플라스틱도 많아진다. 우리는 쓰고 또 쓰며, 자연 세계에 도움이 되는 일은 거의 하지 않는다. 그러니 끔찍한 환경 실상을 보면서 많은 과학자들이 100년도 안 남았다고 경고하는 것이다. 포장 폐기물 중 특히 플라스틱은 바다와 수로를 천천히 질식시킨다. 이에 미국, EU 등은 2050년 탄소 제로를 선언했고, 한국도 이 대열에 동참했다.

플라스틱은 해양과 대지 오염을 발생시킨다. 또 생산 과정 중 온실가스 배출도 우리의 건강을 심각하게 위협한다. 이제 많은 기업에서 온실가스 배출을 줄이고 화석연료에서 태양광, 풍력 등 신재생에너지로의 전환을 꾀해야 한다. 플라스틱 오염은 가장 해결이 시급한 환경 문제 중 하나이다.

세계 플라스틱 생산량은 매년 증가 중인데, 버려진 플라스틱이 분해되는 데 최소 500년 이상이 걸린다. 이 분해 과정에서 온실가스 배출과 심각한 환경 문제를 일으킨다. 매년 약 800~1,000만 톤의 플라스틱이 바다에 버려진다. 이 플라스틱으로 인한 해양 오염은 해양 오염의 80%를 차지한다. 만일 인류의 플라스틱 사용량이 이대로 지속된다면, 2030년에는 1분당 트럭 2대 분량의 쓰레기가, 2050년에는 4

대 분량의 쓰레기가 바다에 버려질 것으로 예상된다.

바다에 버려진 플라스틱
(출처: https://wimbi.org/foundation/)

◦ 플라스틱의 독성 해일

UN 인권 및 환경 특별 보고서에 따르면, 전 세계 연간 플라스틱 폐기물 발생량이 4억 톤에 달하며, 이는 기하급수적으로 증가하고 있다. UN환경프로그램UNEP은 더욱 심각한 전망을 내놓았다. 2040년까지 매년 최대 3,700만 톤의 플라스틱 폐기물이 수생 생태계로 유입될 것으로 예측된다.

이러한 플라스틱에 의한 '독성 해일'은 단순한 환경오염을 넘어 인권 침해 문제로 확대되고 있다. 플라스틱의 전 생애주기가 우리의 삶과 지구 생태계에 치명적인 위협이 되고 있는 것이다.

거의 진부한 현실이 된 '플라스틱의 바다'는 경제적인 재앙이기도 하다.
(출처: https://wimbi.org/foundation/)

。순환경제로의 전환

그렇기 때문에 우리는 시급히 플라스틱 오염을 방지하기 위해 노력해야 한다. 플라스틱 파편을 줄이며 제품을 재사용 및 재활용하도록 설계하는 순환경제적인 플라스틱 가치 사슬로 전환해야 한다. 여기에는 천연 소재로 만든 바이오 플라스틱, 살아 있는 유기체에 의해 분해되는 생분해성 플라스틱, 퇴비화 시설에서 분해되도록 설계된 퇴비화 플라스틱이 포함된다.

플라스틱으로 인한 오염이 심각하다 보니 전 세계적으로 포장재의 완전한 재활용과 플라스틱 사용 저감이 시급한 과제로 대두되고 있다. 이제는 효율적인 재활용 시스템을 개발해 폐기보다는 재활용이 더 경제적인 선택이 되도록 해야 한다. 이를 위해 재활용 문화 정착과 폐기물 순환경제 구축이 필수적이다. 체계적인 수거 시스템과 재활용 정책이 뒷받침되어야 하며, 이미 코카콜라와 같은 글로벌 기업들은 2030년까지 판매된 모든 용기의 회수와 재활용을 목표로 삼고 있다. 기업의 이러한 노력은 단순한 환경보호를 넘어, 미래 순환경제의 핵심 동력이 될 것이다.

。기후위기가 재편할 새로운 경제 질서

앞으로 에너지는 경제 영역에서 어떤 역할을 할까?

세계는 지금 에너지 전략의 대전환점에 서 있다. 지속가능한 미래를 위해 재생에너지로의 전환이 시급한 과제로 대두되었고, 글로벌 기업들은 ESG 경영을 통해 이에 대응하고 있다.

그중 선진국들의 움직임이 눈에 띄는데, 독일은 2030년까지 국내 전력 수요의 80%를 재생에너지로 충당하겠다는 목표를 수립했고, 이는 탄소 배출 감축과 에너지 자립이라는 두 마리 토끼를 잡기 위한 전략이다.

주목할 만한 변화는 에너지 시장의 새로운 판도이다. 미국이 사우디아라비아와 러시아를 제치고 세계 최대 석유·가스 생산국으로 부상했지만, 파리협정 이후 '탄소 배출 제로'를 향한 새로운 에너지 전환이 가속화되고 있다.

미국, 러시아, 사우디 석유 수출추이 및 전망

한편 한국의 현실은 아직 험난하다. 전체 에너지의 80%를 화석연료에 의존하는 상황에서, 재생에너지로의 전환이 선택이 아닌 필수가 되었기 때문이다. 재생에너지는 탄소중립을 향한 핵심 동력이자, 지속가능한 에너지 생산의 해법이다. 현재 글로벌 경제는 이미 에너지 전환기에 진입했으며, 이는 거스를 수 없는 시대적 흐름이 되었다.

특히 주목할 점은 폐기물에 대한 인식의 전환이다. 더 이상 폐기물을 처리해야 할 오염물질로 보지 않고, 새로운 가치 창출 자원으로 재해석하고 있다. 이러한 관점의 변화는 순환경제로의 전환을 가속화하며, 재생에너지 경제의 새로운 지평을 열어가고 있다.

미래는 예상보다 빠르게 다가오고 있다. 기후변화 대응과 에너지 전환 역량이 미래 국가 경쟁력을 좌우할 것이며, 새로운 기회가 될 것이다. 결국 기후위기에 대한 대응 속도와 준비도가 새로운 경제의 지도를 그릴 것이다.

◦ 셰일 혁명

'셰일 혁명'은 기존의 셰일층에서 가스와 석유를 생산하던 전통 방식에서 새로운 셰일오일 방식으로 오일을 생산하는 것을 말한다. 이를 '수압 파쇄법'이라 부르는데, 조지 미첼이 50년 세월의 노력 끝에 개발했다. 기존 수직 시추 기술이 아닌 더 어려운 수평 시추 기술로 셰일에서 원유를 추출하는 데 성공했다. 에너지 업계에서 '혁명'이 일어난 건 단 한 곳뿐, 바로 오직 '셰일 혁명'뿐이다. 미국은 셰일 혁명으로 세일오일은 42년, 셰일가스는 25년간 사용할 수 있는 물량을 확보했다.

미래 세대를 위한 긴급 제안
- 기후행동 지금 시작해야 -

현재 유치원생들이 살아갈 미래 지구의 운명이 우리 손에 달려 있습니다. '지구 평균온도 1.5℃ 상승 제한'이라는 목표 달성을 위해서는 전 세계적인 공조가 필수적입니다. 에너지 환경과 기후변화는 새로운 세계 질서를 형성할 것이며, 이는 위기이자 기회가 될 것입니다. 지금의 우리 행동이 미래 세대의 삶을 좌우할 것입니다.

◆ 실천 방안

1. **화석연료 의존도 감축**
   - 석탄, 석유 사용 최소화
   - 태양광, 풍력, 수소 등의 신재생에너지 활용 확대

2. 환경보호 활동

    - 산림 조성 참여

    - 플라스틱 사용 자제

    - 재활용 생활화

3. 일상적 기후 행동

    - 자전거 이용과 도보 생활화

    - 일회용품 대신 텀블러, 머그컵 사용

◆ 기후위기 대응을 위한 3가지 실천 과제

1. 해양 플라스틱 위기 모니터링

    - 세계 각국의 해양 플라스틱 관련 뉴스 수집

    - 실제 피해 사례와 이미지 자료 공유

    - 주간 단위로 온라인 게시판에 업로드

2. 생활 속 환경오염 르포

    - 우리 동네 쓰레기 처리 실태 조사

    - 재활용 분리수거 현황과 문제점

    - A4 한 장 분량의 현장 리포트 작성

3. 개인 탄소발자국 줄이기

    - 일회용품 사용 일지 작성

    - 매주 플라스틱 사용량 체크

    - 친환경 대체품 사용 후기 공유

Chapter 9

운석 충돌,
지구 역사상
최대의 재앙

"미래 지구는
어떻게 될까?"

◦ 기후변화가 건네는 메시지

미국 경제학 교수 로버트 프랭크는 "우리가 가르치는 것이 우리를 만든다"고 말했다. 이 말은 우리 시대의 가장 심각한 문제들을 해결하고자 할 때, 우리가 어디서 출발해야 하는지에 대한 깊은 통찰을 제공한다. 나는 그 출발점이 지구온난화와 서로에 대한 우리의 견해라고 생각한다.

기후변화는 우리 삶의 방식에 대해 중요한 메시지를 전달한다. 기후변화가 식량과 물, 에너지, 환경, 보건 등 사회 기반 체계에 커다란 변화를 일으키기 때문이다. 기후변화에 대한 지식이 축적될수록 우리는 위기의 순간에 사회적 합의를 이끌어내고, 불확실한 미래를 헤쳐 나갈 수 있는 깊이 있는 통찰력을 얻게 된다.

많은 사람들은 공기, 물, 식량이 현재의 풍부한 상태로 제공될 것이라고 생각한다. 그러나 지구환경은 우리의 직관과 달리 대부분 안정된 상태가 아니다. 특히 기후가 변하면 우리가 상상하는 것보다 훨씬 큰 변화를 겪게 될 것이다. 이러한 현실을 인식하고 이해하는 것이 우리 시대의 문제를 해결하는 첫걸음이 될 것이다.

。미래 지속가능성

기후변화와 환경오염과 같은 자연재해는 공간적 경계를 넘어 전 지구적으로 영향을 미치고 있다. 또, 온실가스, 방사능, 다양한 폐기물은 현 세대를 넘어 미래 세대에까지 그 영향력을 끼친다.

역사적으로 가뭄, 홍수, 전염병을 비롯한 심각한 자연재해와 생물학적 재난은 인류에게 막대한 피해를 주었다. 이러한 재해는 경제를 혼란에 빠뜨리고 많은 국가의 붕괴를 초래했다.

우리가 기후변화의 모든 면을 정확히 예측할 수는 없지만, 전문가들은 이러한 자연재해의 규모가 앞으로 수년간 과거보다 더욱 확대될 것이라 전망하고 있다. 지구온난화는 현재 진행 중이며, 앞으로 더욱 심화되어 지구에 상당한 영향을 미칠 것으로 예상된다. 특히 주목해야 할 점은 지구온난화의 가속화 현상이다.

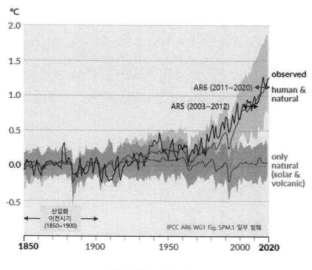

기후 상태와 미래 기후 도표

2005년 8월에는 미국 남부를 강타한 허리케인 카트리나로 주택의 80%가 물에 잠겼고 최소 1,836명이 목숨을 잃었다. 특히 뉴올리언스는 제방 붕괴가 발생하여 도시의 80%가 물바다가 되었고, 이재민 6만 명이 슈퍼돔에서 지내야 했다.

이산화탄소 농도 증가로 인해 지난 100년 간 지구 평균기온이 약 1℃ 상승했는데, 이는 자연적으로 일어날 수 있는 가장 빠른 온난화 속도이다. 이러한 상황에서 지구의 미래를 위해서는 새로운 것보다는 지속가능성에 초점을 맞추어야 한다. 우리의 현재 행동이 미래 세대의 삶의 질을 결정짓는 중요한 요소가 될 것이다.

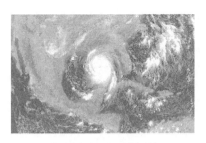

허리케인 카트리나 위성사진

◦거대 운석 충돌의 재앙

지구와 생명의 역사는 놀라운 변화와 사건들로 가득 차 있다. 개미는 약 1억 4천만 년 전 중생대 쥐라기 후기에 처음 등장했다. 이보다 훨씬 이전인 약 2억 3천만 년 전, 공룡이 출현했고, 그들은 6천 6백만 년 전 백악기 말까지 지구를 지배했다.

지구 역사상 가장 뜨거웠던 시기 중 하나로 알려진 팔레오세-에오세 최대 온난기PETM는 약 5천 6백만 년 전에 일어났다. 이 시기에 열대 바다의 표면온도는 35℃에 달했고, 해수면은 현재보다 무려 170m나 높았다. 이는 현재 우리가 겪고 있는 기후변화의 잠재적 영향을 상상하게 해주는 중요한 역사적 사례이다. 이때 해양 동물 종의 약 90%가 사라졌는데, 이는 지구 생태계의 근본적인 변화를 초래했다.

약 6천 6백만 년 전 백악기 말에 일어난 거대 운석 충돌 사건은 공룡 시대의 종말을 가져왔다. 이 충돌로 인해 지구상 생명체의 약 75%가 멸종했으며, 분화구를 중심으로 화산 폭발, 대규모 산불, 쓰나미 등이 발생했다. 이로 인한 급격한 기후변화, 즉 지구온난화가 공룡 멸종의 주요 원인이 되었다.

이러한 지구의 역사는 우리에게 중요한 교훈을 전해준다. 현재 진행 중인 기후변화의 심각성을 인식하고, 과거의 대재앙들이 우리의 미래가 되지 않도록 노력해야 함을 상기시켜준다.

지구의 역사는 여전히 수수께끼이지만, 약 138억 년 전 이 우주의 대폭발, 즉 '빅뱅Bigbang'으로 엄청난 양의 에너지와 물질이 바깥으로

밀려나갔다. 빛과 열을 뿜어냈고 서로를 끌어당기는 힘인 강력한 중력이 작용했다. 빅뱅으로 생성된 물질은 대부분 가장 단순한 원소인 수소 원자였다. 다른 중수소, 헬륨, 리튬도 조금씩 있었다.

서호주의 협곡에 드러난 25억 년 된 철광충.
검붉게 보이는 띠가 산화철인데 25억 년 전 바닷속에 산소가 많았다는 강력한 증거이다.
25억 년 전에 지구에 변화가 일어났음을 증언한다.
자연의 힘에 노출된 암석은 화학적 풍화가 일어나면서,
암석 표면의 광물 조성이 달라진 지각을 생성하고 토양 형성에 기여한다.

이제 약 46억 년 전으로 가보자, 은하수라고 부르는 가스 알갱이, 얼음 알갱이, 광물 알갱이가 구름을 이루고 있었다. 이 구름은 응축하기 시작하면서 뜨겁고 촘촘한 덩어리를 만들었다. 바로 우리 태양이다. 태양 주위를 돌던 광물과 얼음 알갱이들은 충돌하여 더 큰 알갱이가 되었다. 그것들은 다시 들러붙어서 더욱 큰 물체가 되었다.

수백만 년이 흐르자 태양 주변에서 돌던 커다란 공 모양의 구조물암
석 덩어리이 태양에서 떨어진 암석이 바로 지구다. 지구는 태양에서 약 1
억 5천만km 떨어진 궤도를 도는 돌덩어리였다.

지구는 약 45억 4천만 년 전에 형성되었다. 수백만 년 사이에 태양
주위의 암석과 얼음은 대부분 뭉쳐서 행성이 되었다.

⚬ 공룡의 시대인 중생대

공룡은 트라이아스기에 처음으로 지구상에 나타나 백악기에 가장
많이 살았지만, 백악기 말에 모두 사라져버렸다. 백악기에는 대륙의
상당 부분이 높은 기온과 해수면 상승으로 얕은 바다로 변해 있었다.
이 백악기에 개미가 출현하게 된다.

고진기, 고제3기 또는 팔레오기는 약 6천 6백만 년 전부터 2천 3백
만 년 전까지 지속되었다. 고진기의 지구 기후는 온난하였으며 해수면

이 지금보다 높았다.

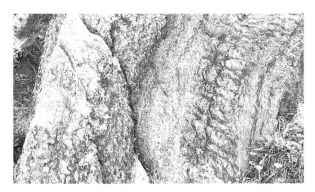

태백시 동점동 태백동점산업단지 내 풍촌 석회암층 (대기층)
(출처: https://ko.wikipedia.org/)

。운석 충돌과 대규모 화산 활동

지구 생명체는 지난 5억 년간 5차례의 대멸종을 경험했다. 그중 가장 잘 알려진 사건은 백악기 말 운석 충돌로 "운석으로 다 죽었어!"라고 표현될 만큼 공룡을 비롯한 다양한 생명체를 전멸시켰다. 일부 생존자들도 이후의 작은 운석 충돌로 결국 사라졌다.

그러나 가장 큰 규모의 멸종은 2억 5,200만 년 전 페름기 말에 발생했다. 이 시기에 해양 동물 종의 약 90%가 멸종했는데, 주된 원인은 시베리아의 대규모 화산 활동이었다. 이 결과는 다음과 같다.

① 해양 산성화 ② 금속 및 황화수소 중독 ③ 산소 부족 ④ 고온 환경

워싱턴대학교와 스탠퍼드대학교의 연구에 따르면, 이 대멸종의 주요 원인은 '지구온난화로 인한 해양 산소 부족'이었다. 화산 활동으로 대기와 해양의 이산화탄소 농도가 7배로 급증했고, 이는 강력한 온실 효과를 초래했다. 앞서 말했듯, 세계기상기구WMO는 2027년경 지구 연평균 기온 상승폭이 산업화 이전 수준보다 1.5℃ 이상 높아질 수 있다고 말했다.

독일 생리학자 한스 오토 푀르트너는 이 현상을 "지구온난화, 해양 산성화, 산소 고갈"의 '죽음의 3인조'라고 명명했다. 이는 결과적으로 3억여 년간 유지되던 해양 생태계와 그 다양성이 붕괴되는 대재앙으로 이어졌다. 이 역사적 사실은 현재 우리가 직면한 기후위기의 잠재적 위험성을 생생히 보여주는 경고다.

。인문학적 질문의 필요성

이제 향후 20~30년간 에너지 산업은 저탄소 배출 중심으로 급격히 재편될 것이다. 태양광, 풍력 발전이 주축이 되는 무탄소 전력 생산이 주류를 이룰 것이다. 이는 기후위기 대응의 핵심 동력이 되어, 에너지 산업의 전략과 구조를 근본적으로 변화시킬 것이다.

지금 인류는 과거 대비 100배 이상의 이산화탄소를 대기와 해양으로 배출하고 있다. 남극 빙하의 급속한 해빙과 지구 평균기온의 지속적 상승은 이미 현실이 되었다. 이러한 상황에서 우리는 다음과 같은 근본적 질문에 직면하게 된다.

① **미래 세대의 안전**: 거대 운석 충돌이나 대규모 화산 활동의 가능성을 배제할 수 있는가?
② **기후변화의 지속성**: 지구온난화와 해양 산성화의 진행을 멈출 수 있는가?
③ **온난화의 결과**: 지구온난화가 지속될 경우, 어떤 시나리오가 펼쳐질 것인가?
④ **대응 전략**: 가속화되는 기후변화에 어떻게 대비하고 있는가?

이는 단순한 학문적 호기심을 넘어 인류의 존속과 직결된 시급한 과제다. 우리는 명확한 해답을 찾고, 실효적인 대응 전략을 세워야 한다.

Chapter 10

기후위기 속
기업의
ESG 경영철학

"인류 생존을 위한
즉각적인 혁명적 행동 요구"

。우리는 자연의 일부

인류는 수천 년 동안 종말을 이야기해왔지만, 오늘날 우리가 마주한 환경 위기는 단순한 예언이나 경고가 아닌 냉혹한 현실이 되었다. 불타오르는 하늘과 붉게 물든 바다, 죽음의 그림자가 드리운 대지, 극심한 가뭄과 오염된 대기는 더 이상 먼 미래의 이야기가 아니다. 기후변화, 생태계 붕괴, 환경 재앙의 그림자가 전 지구를 덮치고 있다.

북극의 빙하가 예상보다 빠르게 녹아내리고 해수면이 급격히 상승하면서, 전 세계 연안의 도시들이 침수 위기에 직면해 있다. 우리는 자연의 일부이며, 지구라는 거대한 생태계의 구성원임에도 불구하고, 정치인들은 단기적 이익에만 집중하고 기업들은 무분별한 이윤 추구로 환경을 파괴하고 있다. 더욱 심각한 것은 우리 모두가 자연이 보내는 절박한 경고 신호들을 외면해왔다는 점이다.

이제 시간이 얼마 남지 않았다. 곧 100억에 도달할 인류의 미래가 우리의 선택에 달려 있다. 이대로 방관하면 지구는 인류가 살 수 없는 황폐한 땅으로 변할 것이다. 지속가능한 발전을 위한 즉각적인 행동이 필요한 시점이다. 우리는 환경보호를 위한 실질적인 노력을 기울이고, 다음 세대를 위한 책임 있는 선택을 해야 한다.

더 이상 미룰 수 없다. 우리의 행동이 지구의 미래를 결정한다. 자연과 인류가 공존하는 지속가능한 미래를 위해, 지금 바로 함께 일어나 행동해야 할 때다. 이것은 선택이 아닌 생존을 위한 필수 과제이며, 우리 모두의 책임이다.

◦ 80억 소비자의 선택

현재 전 세계 인구는 80억 명에 달하며, 이 소비자들은 점점 더 자원을 환경적으로 책임 있게 바라보고 있다. 환경 문제는 경제 문제로 직결되며, 기후위기는 우리 모두의 생존을 위협한다. 하지만 여전히 많은 이들이 이 절박함을 체감하지 못하고 있는 듯하다.

기후위기와 환경 파괴의 심각성을 인식하고 해결책을 모색하는 기업과 개인들을 우리는 응원해야 한다. 특히, 환경 문제 해결을 위해 노력하는 스타벅스와 파타고니아 같은 기업들은 다소 미숙하더라도 그들의 시도를 통해 큰 변화를 만들어가고 있다.

테슬라의 전기차 충전소

그중에서도, 지속가능한 에너지 자원 분야에서 혁신적인 변화를 이끌고 있는 테슬라는 주목할 만한 기업이다. 테슬라는 전기차와 에너지 저장 솔루션을 통해 미래 에너지 자원의 사용을 극대화하고 있다. 테슬라의 전기차는 배기가스를 전혀 배출하지 않으며, 높은 효율성과 성능을 자랑한다. 이는 우리가 지구 환경을 보호하면서도 최첨

단 기술을 누릴 수 있음을 보여준다.

또한, 테슬라의 에너지 저장 솔루션인 파워월Powerwall과 파워팩 Powerpack은 가정과 기업에서 생산된 에너지를 저장하여 필요할 때 사용할 수 있도록 해준다. 이는 전력망의 안정성을 높이고, 에너지 자원의 효율적인 사용을 가능하게 한다.

CEO 일론 머스크Elon Musk는 전기차, 에너지 저장장치, 태양광 에너지를 결합한 지속가능한 에너지 생태계를 구축하고자 한다. 그의 비전은 단순히 제품을 판매하는 것을 넘어, 전 세계가 지속가능한 에너지를 사용할 수 있는 환경을 만드는 것이다. 이는 기후위기에 대응하고, 지구의 미래를 지키기 위한 필수적인 노력이다.

테슬라의 혁신은 계속될 것이다. 기후위기에 대응하기 위해 우리는 이러한 혁신적인 기업들을 지지하고, 그들의 노력에 동참해야 한다. 지속가능한 에너지 자원은 우리의 미래를 지키는 열쇠이며, 이를 위해 우리는 지금 당장 행동해야 한다.

기후위기가 심각해지는 이 시대에, 테슬라와 같은 혁신적인 기업들이 주도하는 지속가능한 에너지 자원의 중요성은 더욱 커지고 있다. 이러한 노력들이 전 세계적으로 확산되기를 바라며, 우리는 함께 더 나은 미래를 만들어 나가야 한다.

。100억 부자들: 기후위기를 생각하는 CEO

일론 머스크   스티브 워즈니악, 스티브 잡스

래리 페이지, 세르게이 브린   마크 저커버그

빌 게이츠   워런 버핏

세계적인 부자들은 단순히 재산을 쌓는 것이 아니라, 인류를 위한 혁신적 해결책을 추구하는 데 주력한다. 예를 들어, 구글 창립자 래리 페이지Larry Page와 세르게이 브린Sergey Brin은 인류가 인터넷에서 문제를 더 신속하게 찾을 수 있도록 최선을 다했다. 그 노력에, 수십억 달러가 동반됐다. 마크 저커버그Mark Zuckerberg는 소셜 플랫폼을 구축하여 사람들 간의 연결을 혁신했으며, 그에 따른 자산은 710억 달러를 넘었다.

스티브 잡스Steve Jobs와 스티브 워즈니악Steve Wozniak은 컴퓨터의 크기를 혁신적으로 줄이는 데 총력을 기울였고, 그들의 노력이 가져온 변화는 막대한 재정적 보상으로 이어졌다. 빌 게이츠Bill Gates는 경제적 성공을 넘어, 기후변화의 위협을 경고하고 이에 대응하기 위한 노력을 기울였다. 그의 비전과 노력은 그를 세계 최고의 부자 중 한 명으로 만들어주었다.

이들의 공통점은 명확하다. 그들은 먼저 인류를 위한 해결책을 모색하고, 그 과정에서 경제적 성과를 달성했다. 이는 단순한 성공의 법칙을 넘어서, 진정한 가치 창출의 핵심을 보여준다. 그렇다면 우리는 어떤 문제를 해결하기 위해 절박하게 노력하고 있는가?

。스타벅스의 대담한 전환: 환경을 위한 혁신의 시작

스타벅스Starbucks는 세계에서 가장 큰 다국적 커피 전문점이다. 64개국에서 총 23,187개의 매점을 운영 중이다. 본사는 미국 워싱턴 시애틀에 있다.

나는 시간이 되면 스타벅스에 찾아가 독서와 강의 준비차 일을 처리한다. 주로 미팅이나 작업 장소로 이용하는 셈이다. 스타벅스는 플라스틱 빨대에 관한 환경오염 논란이 불거지자 가장 먼저 빨대를 종이 빨대로 바꿨다. 나는 그때부터 스타벅스에 매료되었고, 더 찾게 되었다. 여러 불평과 반감에도 미래 세대를 위하여 대담한 결정을 해준 스타벅스가 멋지다.

스타벅스가 종이 빨대로 전환한 이유는 종이 빨대가 플라스틱 빨대에 비해 생분해가 용이하고 재활용 가능성이 높아 환경에 미치는 영향이 상대적으로 적기 때문이다. 바다로 흘러 들어간 플라스틱 빨대는 해양 생물들이 이를 먹이로 착각해 섭취하게 되며, 이는 식물 연쇄를 통해 결국 인간에게까지 영향을 미친다. 플라스틱은 분해되는 데 수백 년이 걸리므로, 현재 사용되는 플라스틱 제품들은 지속적으로 환경에 부정적인 영향을 미치게 된다.

결론적으로, 스타벅스의 플라스틱 빨대에서 종이 빨대로의 전환은 단순한 제품 변경이 아니라, 환경 문제에 대한 기업의 책임감을 보여주는 중요한 사례이다. 스타벅스의 결정은 다른 기업들도 친환경적인 제품 개발과 전환의 필요성을 인식하게 하는 계기가 될 수 있다. 이는 지속가능한 경영 방식을 촉진하며, 궁극적으로는 환경보호에 기여하는 중요한 전환점이 될 것이다.

<u>스타벅스의 약속</u>

BECOMING RESOURCE POSITIVE

We are committed to becoming resource positive – to give more than we take from the planet. We will store more carbon than we emit, eliminate waste and conserve and replenish more freshwater than we use.

2030 COMMITMENTS

Starbucks set a multi-decade commitment to reduce our carbon, our water and our waste footprints by half by 2030.

(Read more)

AREAS OF FOCUS

"2030년 공약: 스타벅스는 2030년까지 탄소, 물, 폐기물 발자국을 절반으로 줄이겠다는 수십 년 간의 공약을 세웠습니다." (스타벅스 홈페이지, https://www.starbucks.com/)

。파타고니아의 철학

환경친화적인 기업으로 주목받는 파타고니아Patagonia를 소개하고
자 한다. 미국의 아웃도어 제품 기업인 파타고니아는 매출의 1%를 전
세계 환경 단체에 기부함으로써 지구를 위한 실질적인 변화를 추구
한다. 기업 철학은 단순한 제품 판매를 넘어선다. 그들의 강령에는 고
객이 물건을 오랫동안 사용하도록 튼튼한 고품질의 제품을 제작하는
것이 포함되어 있다. 이는 지속가능한 소비를 장려하고, 자원 낭비를
줄이며, 환경보호에 기여하는 중요한 원칙이다. 파타고니아는 환경보
호를 기업의 중심 가치로 삼아, 지속가능한 미래를 위한 혁신적인 모
델을 제시하고 있다.

파타고니아 로고 이미지

파타고니아의 환경 철학은 명확하고 강렬하다. 한마디로 표현하면
'알피니즘Alpinism'이다. 이는 산 자체를 말하는데, 산에 매혹당한 인
간이 산의 정상을 목표로 수많은 고난과 싸우면서 산에 오르는 것
에 알피니즘의 진정한 의미가 있다. 이 철학에는 단순한 등산을 넘어,
자연을 보호하는 윤리까지 포함되어 있다. 파타고니아는 "우리는 우

리의 터전, 지구를 되살리기 위해 사업을 합니다We're in business to save our home planet", "아무 일도 하지 않는 것은 악惡에게 지는 길입니다Evil always wins if we do nothing"라는 강력한 신념을 바탕으로 전 세계 곳곳에서 환경보호 활동을 펼치고 있다.

파타고니아의 철학은 말뿐이 아닌 실제 행동으로 이어진다. 이러한 철학을 통해 기업의 사회적 책임을 다할 뿐만 아니라, 다른 기업에게도 지속가능한 경영 방식을 촉진하는 모델을 제시한다. 그들의 노력은 지구를 지키기 위한 우리의 작은 실천이 얼마나 큰 변화를 가져오는지를 보여주어 의미가 있다. 이 철학에는 지구를 되살리기 위한 진정한 열정과 헌신이 담겨 있다. 이는 우리가 공감하고, 동참해야 할 가치 있는 철학이다.

파타고니아 홈페이지 (https://www.patagonia.com/home/)

Chapter 11

씨앗과
우리가 직면한
10대 과제

"지구의 경고:
우리가 직면한 인류 10대 생존 문제"

◦ 세계 기후의 변화 보고서

현재 보고서

- 지구의 대기 중 이산화탄소 농도는 419.9ppm으로 지속적으로 증가하는 경향을 보인다 2023 기준.
- 해양은 매일 3,000만 톤의 이산화탄소를 흡수해 산도가 높아지고 있다.
- 지구온난화로 빙하가 녹고, 질병의 형태가 변화하고 바다 식물이 사라지고 있다.
- 60세 이상 인구는 2050년 20억 명으로 증가할 것으로 보인다.

2050년 미래 보고서

- 1804년, 세계 인구는 10억 명이었지만 2024년에는 85억 명에 이르렀다. 2100년에는 100억 명을 넘을 것으로 예상된다. 이로 인해 식량, 물, 에너지 등에 대한 수요가 급증할 것이다. 하지만

우리는 지구가 한 해 동안 생산할 수 있는 자원보다 훨씬 더 많은 자원을 소비하고 있다. 만약 지구가 줄 수 있는 자원이 100이라면 우리는 매년 170을 사용하고 있다. 이렇게 계속 가면 2100년쯤에는 자원이 고갈될 것이다. 지구의 자원은 한정되어 있으며, 물, 탄소, 질소 모두 마찬가지이다.

이처럼 인류의 인구 증가는 기후변화와 생태계 파괴를 가속화하고 있다. 지구온난화로 인한 기후변화는 악순환을 일으키며, 지난 100년간 10배 이상 증가한 폐기물도 큰 위협이 되고 있다.

2050년을 향한 인류의 여정에는 막대한 도전과 기회가 있다. 우리는 기후변화에 대한 과제를 지속적으로 파악하고 대응해야 한다. 기후변화는 전례 없는 극한의 날씨로 돌아오며, 최근 몇십 년간 '100년 빈도 날씨 현상'의 빈도가 급격히 증가했다.

기후변화 전망은 우리의 대응에 따라 미래의 위험을 달리 예측한다. 따라서 우리는 기후변화에 적응하고 완화하기 위한 정책과 지속 가능한 개발 전략을 마련해야 한다. 결론적으로, 지금의 대응이 우리의 미래를 결정한다.

향후 50년 인류의 10대 문제

향후 50년 동안 인류가 직면할 가장 큰 문제는 무엇일까?

대표적으로 에너지가 있다. 노벨화학상 수상자인 리차드 스몰리 Richard. E. Smalley 교수가 말한 향후 50년 동안 인류가 직면할 글로벌 10대 문제를 아래 이미지에서 확인할 수 있다.

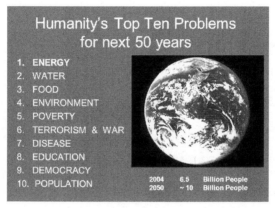

① 에너지 ② 물 ③ 음식 ④ 환경 ⑤ 빈곤 ⑥ 테러와 전쟁 ⑦ 질병
⑧ 교육 ⑨ 민주주의 ⑩ 인구: 2004년 65억 명, 2023년 80억 명, 2050년~ 100억 명
(출처: Richard Smalley, Rice University, 2003)

이러한 인류의 10대 과제들은 우리의 사회·경제 및 환경에 심각한 영향을 미칠 것이다. 따라서 이 시급한 도전에 성공적으로 대응하기 위해 다양한 분야의 이해 관계자들과 국가들이 협력하고 지속적으로 노력해야 한다. 인류의 미래를 위한 여정에서 이러한 과제들을 효과

적으로 극복한다면 지속가능한 발전과 건강한 인류를 구축하는 데
중요한 역할을 할 것이다.

。씨앗은행Seed Bank이란?

씨앗은행Seed Bank은 감소하는 생물다양성을 미래 세대에게 제공한
다. 목표는 분명하다. 다음 세대를 위해 가능한 한 적절한 조건을 지
닌 장소에 씨앗을 보존한다. 씨앗은행은 우리의 식물 유산을 안전하
게 지키는 곳으로, 미래의 생명과 식량 안보를 보장하는 중요한 역할
을 한다.

오늘날, 전 세계적으로 1,300개의 씨앗은행이 있으며 600만 종이
수집되어 있다. 씨앗은행은 다양한 종류의 토종 씨앗을 저장하고 농
부들에게 빌려준다. 이를 통해 씨앗의 교환과 거래가 가능해지며 농
부들은 필요할 때 씨앗을 빌리고, 새로운 씨앗을 다시 은행에 돌려줌
으로써 지속가능한 농업을 실현할 수 있다. 이로 인해 지역 농업의 다
양성이 유지되고 농부들은 안정적인 농작물을 재배할 기회를 얻게
된다.

씨앗은 수백 년, 심지어 수천 년 동안 생존할 수 있다. 생존 가능한

식물로 자란 가장 오래된 측정 씨앗은 약 2,000년 된 유대 대추야자 씨앗으로, 이스라엘의 헤롯 대왕 궁전 발굴에서 발견되었다.

유대에서 재배되는 대추야자

씨앗은행은 기후변화와 환경오염으로 위협받는 지구의 식물 유전 자원을 보존함으로써, 미래 세대를 위한 소중한 유산을 지켜나가는 중요한 역할을 수행한다. 이는 단순히 식물의 보존을 넘어, 인류의 식량 안보와 생태계 다양성을 확보하는 핵심 열쇠가 되고 있다.

씨앗은행의 내부는 마치 첨단 과학 시설을 연상케 한다. 홍수나 폭발은 물론 방사선까지 차단할 수 있는 특수 설계된 금고 안에는 수많은 종의 씨앗들이 보관되어 있다. 이 씨앗들은 영하 20℃의 차가운 온도와 낮은 습도 속에서 긴 시간 동안 생명력을 유지한다. 이처럼 철저한 관리 덕분에 먼 미래에도 이 씨앗들이 새로운 생명으로 피어날 수 있는 것이다.

전 세계의 씨앗은행은 각각 저마다의 특별한 목적과 의미를 가지고 운영되고 있다. 그중에서도 영국 서식스에 자리 잡은 밀레니엄 씨앗은행Millennium Seed Bank은 2000년에 문을 열었다. 이곳은 큐 왕립식물원이 관리하며, 영국의 토종 식물을 포함해 전 세계 40,000여 종의 식물 씨앗을 보관하고 있다.

씨앗은행은 단순한 보관소가 아니다. 이곳은 인류의 식량 안보를 지키고, 생태계의 다양성을 보존하며, 미래 세대에게 건강한 지구를 물려주기 위한 희망의 저장소이다. 기후변화와 환경오염으로 많은 식물 종이 사라질 위기에 처한 지금, 씨앗은행의 존재는 그 어느 때보다 소중하고 의미 있게 다가온다.

씨앗은행은 유전적 다양성을 보존하기 위해 씨앗을 저장하는 장소이다.
(출처: https://www.jardineriaon.com/en/important-seed-bank.html)

미래를 위한 생명 저장소, 씨앗은행의 중요성

수십억 개의 씨앗이 큐 밀레니엄 씨앗은행 금고에 저장되어 있다.
(출처: Clare Trivedi / Kew Gardens MSB,
https://www.woodlandtrust.org.uk/blog/2020/12/what-is-a-seed-bank/)

탄자니아 아루샤의 최첨단 씨앗은행
(출처: https://dailynews.co.tz/tz-becomes-africas-seed-bank-hub/)

씨앗은행은 식용작물이나 희귀식물의 씨앗을 보관하는 유전자은행이다. 이곳은 자연재해, 질병, 그리고 인간의 실수로 인한 식물 종의 멸종으로부터 종들을 보호한다. 그렇게 함으로써 미래의 생명과 식량 안보를 보장하는 중요한 역할을 한다.

씨앗은행은 전 세계 다양한 종류의 식물 씨앗을 보존한다. 이는 미래 농업과 생물다양성을 유지하기 위해 필수적이다. 다양한 씨앗의 보존은 식물의 질병, 기후변화 및 기타 환경적 위협에 대비할 수 있는 유전자 풀을 유지하는 데 중요한 역할을 한다.

씨앗은행은 단순히 씨앗을 보관하는 곳이 아니라, 생명과 생태계를 지키는 중요한 연결 고리이다. 미래를 위한 생명 저장소로서 씨앗은행은, 우리 모두의 지속가능한 미래를 위한 중요한 장소이다.

미국 농무부(USDA) 씨앗은행, 국립 유전자원보존센터에서 재배 중인 식물 조직 배양 (2013)

。세계 종말에 대비한 스발바르 국제종자저장고

스발바르 국제종자저장고Svalbard Global Seed Vault는 북극점에 가장 가까운 노르웨이의 외딴 섬 스피츠베르겐에 위치한 세계 최대의 씨앗은행이다. 기후변화 및 그에 따른 미래에 대비하고자 북극에 설치한 최초의 대규모 매장지이며, 전 세계 작물다양성 보존을 위한 백업 시설이다. 영구동토층 암반에 130m의 터널을 뚫어 지었는데 2020년 기준 세계 각국에서 맡긴 100만 종 이상의 5억 개가 넘는 씨앗 샘플을 보관하고 있다.

스발바르 국제종자저장고
(출처: https://en.wikipedia.org/)

캐리 파울러, 〈세계의 끝 씨앗 창고〉(2021) 표지
세상의 모든 씨앗과 인류의 미래가 담겨 있다.

점점 뜨거워지는 지구, 그러나 그 속에서 피어나는 인류애의 온기가 있다면 바로 미래를 위해 묵묵히 씨앗을 지켜내는 이들의 마음이다. 우리는 지금 전례 없는 위기의 시대를 살아가고 있다. 기후변화로 인한 폭염과 가뭄, 예측할 수 없는 자연재해들이 지구 곳곳을 위협하고 있다. 이러한 재앙은 우리의 식탁을 위협할 뿐만 아니라, 수천 년 동안 인류와 함께해온 소중한 작물들의 존재마저 위태롭게 만들고 있다.

하지만 희망은 있다. 전 세계의 과학자들과 농부들, 미래를 걱정하는 수많은 이들이 힘을 모았다. **"우리가 할 수 있는 일을 하자"**라는 작은 결심으로 시작된 그들의 노력은, 오늘날 씨앗은행이라는 거대한 희망의 창고로 이어졌다.

이곳에 보관된 각각의 씨앗은 단순한 식물의 씨앗이 아니다. 그것은 인류의 역사이자, 우리 후손들에게 전하는 살아 있는 유산이다.

씨앗 하나하나에는 미래 세대를 위한 따뜻한 마음이 담겨 있다. 지구는 냉각이 필요하지만, 이처럼 따뜻한 인류애야말로 우리의 미래를 지켜낼 수 있는 가장 강력한 힘일 것이다.

스발바르 국제종자저장고는 재앙 발생 시 전 세계의 씨앗을 보존하고자 지어졌다. 영하 18℃에서 수세기 동안 20억 개의 식물 표본을 보관할 수 있는 용량을 갖췄으며, '세계 종말의 금고'로도 알려져 있다. 인류에게 가장 중요한 자원인 작물다양성을 지켜내야 한다는 의지는 우아하고 실용적인 인문학의 대응이다.

작물다양성이 사라지면 우리의 미래도 사라진다. 유엔식량농업기구FAO에 따르면 20세기 동안 세계 작물 품종의 75%가 사라졌다. 더욱이 현재 전 세계 많은 식물들이 기후변화, 저하된 생물다양성으로 인해 멸종 위기에 처해 있다.

씨앗은 문명의 토대이며, 작물다양성은 농업의 토대이자 인류의 지속가능한 미래를 위한 가장 중요한 자원이다. 미래를 예측할 수 없기에 최대한 많은 작물다양성을 보전해야 한다. 그래야 미래 세대의 식량 안보를 보장할 수 있다.

문득 궁금하다.
금세기 중반 90억에 도달할 세계 인구를 지구가 먹여 살릴 수 있을까?

기후위기의 답

- 인문학 -

인문학은 우리의 미래가 여전히 희망적일 수 있는 이유를 보여준다. 나부터 기후위기와 환경보호에 대한 개인적인 행동 변화가 우리의 미래를 결정짓는 핵심임을 알기 때문이다. 이를 통해 기후위기 상황을 극복하는 인간의 지혜가 작동하게 된다. 삶 속에서 실천하는 인문학은 단순히 지식과 교양을 넘어, 우리에게 지혜와 희망을 제공한다.

내가 이처럼 '기후위기 인문학'을 적극 이야기하는 이유는 기후위기에 대한 가장 큰 책임이 인문학 교육을 받은 사람들에게 있기 때문이다. 이들은 지금의 기후위기를 가장 높은 목소리로 경고해야 한다. 인문학은 인간을 위한 가장 중요한 학문으로, 말뿐만 아니라 실천을 통해 구현해야 한다. 즉 삶 속 실천을 동반한 인문학이어야 한다.

◆ 개인의 환경보호 행동 변화

1. **에너지 절약**

   일상생활에서 에너지 소비를 줄이기 위해 노력한다. 불필요한 전등 끄기, 에너지 효율이 높은 가전제품 사용하기, 대중교통 이용하기 등을 통해 개인의 탄소 발자국을 줄인다.

2. **플라스틱 사용 줄이기**

   일회용 플라스틱 사용을 줄이고, 재사용 가능한 제품을 사용한다. 예를 들어, 장바구니를 가지고 다니고, 재사용 가능한 물병과 컵을 사용하며 일회용 비닐봉지와 빨대 사용을 피한다.

3. **친환경 소비**

   지역에서 생산된 유기농 식품을 구매하고, 공정 무역 제품을 선택하며 환경에 해로운 화학 물질이 포함되지 않은 제품을 선택한다.

◆ 인문학적 접근을 통한 기후위기 교육 및 경고

1. 인문학적 기후 교육 프로그램 개발

   학교, 대학, 지역 커뮤니티에서 기후위기에 대한 인문학적 교육
   프로그램을 개발하고 시행한다.

2. 기후위기 관련 공공 캠페인

   인문학적 지식을 바탕으로 기후위기에 대한 공공 캠페인을 조
   직하고, 강연, 토론회, 워크숍 등을 통해 기후위기의 심각성을
   적극 알린다.

Chapter 12

환경, 사회, 지배구조(ESG)의 지속가능성

"미래 기업의 생존을 결정짓는
ESG 경영 혁명"

° ESG의 진화와 현대적 의미

ESG는 Environmental환경, Social사회, Governance지배구조의 첫
글자를 조합한 용어로, 2003년 유엔환경계획 금융이니셔티브UNEP FI
에서 처음 공식화되었다. 하지만 그 근간이 되는 '지속가능성' 개념은
이미 1897년 세계환경개발위원회에서 논의될 만큼 오랜 역사를 가지
고 있다.

현대 사회에서 ESG는 더 이상 생소한 개념이 아니다. RE100과 함
께 일상적인 용어가 되었으며, 특히 다음과 같은 영역에서 핵심 지표
로 자리 잡았다.

- 소비 결정: 소비자들의 구매 의사결정 기준

- 투자 평가: 금융권의 핵심 투자 지표

- 기업 경영: 기업의 지속가능성을 측정하는 필수 요소

- 컨설팅: 기업 진단과 전략 수립의 주요 프레임워크

ESG는 이제 단순한 평가 지표를 넘어 기업의 생존과 직결된 필수 경영 요소가 되었다. 이는 지속가능한 발전이라는 시대적 요구가 구체화된 형태라고 할 수 있다.

○ ESG가 중요한가요?

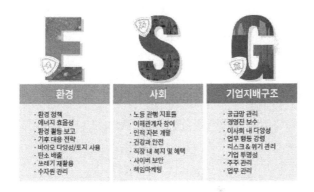

이런 질문도 할 수 있다. "먹고사는 일이 급급한데, ESG가 다 뭔가요? 이걸 실천해야 하나요?" 지금 기후변화로 대형 산불이 자주 발생하고, 해수온도 상승으로 바닷속 생태계가 대거 무너질 수 있는 위기다. 굳이 ESG의 중요성을 따질 것도 없다. 우리의 후대가 살아가야 할 터전을 지켜주기 위해 ESG친환경, 사회적 책임, 지배구조: 투명경영 개선은 불가피한 과제가 됐다.

전 세계는 2050년 넷제로Net Zero 선언을 향해가고 있다. 마이크로소프트 창업주 빌 게이츠는 2050년까지 넷제로를 달성해야 한다고 주장한다. 하버드대학교의 오레스케스 교수도 이에 동의하며 "인간의 활동으로 인해 배출된 이산화탄소는 오늘날 지구온난화를 주도하는 수준을 넘어서 궤도 변동에 의해 발생하는 자연 기후 변동성을 넘어섰다"라고 말했다. 앞으로 누가 뭐라고 하든 모든 기업과 사회가 ESG, 지속가능한 경영을 해야 한다. ESG는 기업의 선택이 아닌 생존을 위한 필수 요소로 자리매김하고 있다. 기업이 ESG를 실천하지 않으면 경제적 가치까지도 훼손될 수 있는 시대가 된 것이다.

。기업의 생존을 결정짓는 ESG 경영 혁명

오늘날 기업 경영에서 ESG는 단순한 트렌드를 넘어 생존을 좌우하는 핵심 요소로 부상했다. 환경, 사회, 지배구조를 아우르는 ESG는 기업의 지속가능성을 평가하는 새로운 기준이 되었다.

이러한 변화의 중심에는 말했듯 기후변화와 환경 위기가 있다. RE100 같은 글로벌 이니셔티브가 확산되면서, 기업들은 적극적인 친환경 대응을 요구받고 있다. 특히 MZ세대로 대표되는 새로운 소비자들은 기업의 환경적, 사회적 책임을 중요한 소비 기준으로 삼고 있다.

이에 따라 글로벌 투자 시장에서도 큰 변화가 일어나고 있다. 투자자들은 더 이상 단기적 수익만을 추구하지 않는다. 대신 환경보호에 앞장서고, 사회문제 해결에 기여하며, 투명한 지배구조를 갖춘 기업을 선호한다. 이는 '어떻게 수익을 창출하는가'가 '얼마나 많은 수익을 내는가'보다 중요해졌음을 의미한다.

기업의 혁신 방향도 변화해 과거 기술 중심의 혁신에서 벗어나, 환경과 사회 문제를 해결하는 지속가능한 혁신이 강조되고 있다. 이는 단순한 기술 발전만으로는 인류의 미래를 보장할 수 없다는 깨달음에서 비롯된다. 이제 ESG 경영은 현대 기업의 새로운 패러다임이 되었다. 기업이 장기적으로 성장하고 번영하기 위해서는 ESG 중심의 경영 혁신은 필수불가결한 요소다. 이는 기업의 존재 목적과 가치 창출 방식에 대한 근본적인 재정의를 요구하고 있다.

。비非재무적 성과를 측정하는 지표

지속가능한 착한 기업이 중요한 시대가 도래했다. 오늘날, '환경 개선-사회적 가치 실현-의사결정 체계의 투명성'을 중시하는 ESG 경영은 전 세계 기업의 핵심 화두로 부상했다. 이는 기업의 비非재무적 성과를 평가하는 기준으로, 단순한 이윤 추구를 넘어선 경영의 필수 요소가 되었다.

ESG 경영은 기업의 장기적인 가치와 지속가능성을 판단하는 중요한 척도로 자리 잡았다. 이로 인해, 기업은 자신들이 가장 잘할 수 있는 분야에서 ESG 전략을 선택하고 추진해야만 생존할 수 있는 시대가 되었다. 결국 ESG 경영은 기업의 미래를 좌우할 핵심 요소로, CEO의 역량을 발휘할 수 있는 분야에서 전략적으로 접근해야 한다. 오늘날의 경영 환경에서 기업이 성공적으로 생존하고 성장하기 위해서는 ESG 경영을 통해 비재무적 성과를 극대화하는 것이 필수다.

즉, 기업의 투자 대상을 선정할 때 비非재무적 성과를 측정하는 지표를 통해 금전적 이익뿐만 아니라, 기업의 지속가능성과 사회적으로 미치는 영향까지 고려해 투자하겠다는 지표이다.

ESG는 투자자들 사이에서 먼저 등장한 개념이다. 세계 최대 규모의 자산운용사 블랙록의 최고경영자 래리 핑크Larry Fink는 "ESG 성과가 나쁜 기업에는 투자하지 않겠다"라고 폭탄 선언을 했다. 이제 투자자들이 투자결정 과정에 있어 재무상태뿐만 아니라 환경, 사회, 지배구조 등 비재무적 요소까지 포괄적으로 보겠다는 의미이다.

이제 기업들은 사업 실적뿐만 아니라, '환경-사회-지배구조'의 비재무적 요소를 사용해 환경에 미치는 영향, 건강, 안전, 사회적 책임, 기업 윤리, 주주의 권리, 임원 성과, 정책 등에 도전하고 변화를 꾀해야 한다. 국내 ESG 시장은 아직 작지만 전 세계적으로 ESG 투자의 비중은 매우 크다. 특히, 글로벌 투자 기준이 재무제표에서 비재무적 지표인 ESG로 빠르게 전환되고 있다는 점에 주목해야 한다. ESG를 고려하지 않는 기업은 생존을 위협받을 수 있으며, ESG는 이제 선택이 아닌 기업 경영의 필수 요소임을 기억해야 한다.

자동차회사 GM은 미래 비전으로 "제로 충돌, 제로 탄소 배출, 혼잡 제로의 세계를 만들겠다"라고 밝혔다. 애플의 ESG 미래 비전은 2030년까지 탄소중립을 달성하고, 공급망과 제품에 재생 가능 에너지를 확대 적용하며, 포용성과 인권 보호를 강화하는 데 중점을 둔다. 또한, 투명한 지배구조를 통해 지속가능한 경영을 실현하고, 글로벌 리더로서 책임을 다하려는 전략을 추구하고 있다.

세계적으로 친환경 중심의 ESG가 핵심 트렌드가 되고 있다. 따라서 사회와 기업들은 더욱 ESG 전략을 적극적으로 수용하고 전개해야 할 것이다.

。 자본주의 사회에서 ESG의 역할

기후변화 대응을 위한 국제사회의 노력은 1992년 브라질 리우데자네이루에서 개최된 환경회의를 시작으로 본격화되었다. 이 회의에서 채택된 유엔기후변화협약UNFCCC은 기후변화 대응을 위한 첫 번째 핵심 이정표가 되었다. 이 협약은 각 국가가 온실가스 배출 현황을 체계적으로 관리하고, 감축을 위한 구체적인 정책을 수립하도록 하는 기반을 마련했다.

2015년에는 더욱 강화된 형태의 파리기후변화협약이 체결됐다. 이 협약에서는 지구 평균기온 상승을 산업화 이전 대비 1.5℃로 제한하는 야심찬 목표를 설정했다. 이는 기후변화 대응이 더 이상 미룰 수 없는 시급한 과제임을 국제사회가 공식적으로 인정한 중요한 전환점이었다.

이러한 정부 차원의 노력과 함께 민간 부문에서도 주목할 만한 움직임이 시작되었다. 2014년 글로벌 비영리단체 더클라이밋그룹이 시작한 'RE100' 이니셔티브가 그 대표적인 사례다. 이는 2050년까지 기업의 재생에너지 사용률을 100%까지 높이는 것을 목표로 하며, 구글, 애플, MS와 같은 글로벌 기업들이 적극적으로 참여하고 있다.

이처럼 기후변화 대응은 정부와 기업이 함께 참여하는 글로벌 과제로 발전해왔다. 각각의 협약과 이니셔티브는 더욱 구체적이고 실천적인 목표를 제시하며, 지속가능한 미래를 위한 국제사회의 의지를 보여준다.

자본주의 사회에서 이제 ESG환경, 사회, 지배구조 문제는 단순한 경영 전략을 넘어선 중요한 사회적 의제가 되었다. 지역사회 문제, 성차별, 인종차별, 기업의 도덕성, 신뢰성, 투명성, 환경 문제 등은 더 이상 무시할 수 없는 이슈들이다.

MZ와 알파 세대는 이러한 문제들을 예리하게 분석하며, 행동으로 그들의 의견을 표출한다. 이들이 주도하는 'ESG 소비'는 자본주의의 중심이 '돈'에서 '사람'으로, '사회'에서 '지구'로 이동하고 있음을 명확히 보여준다. 이 변화는 기업들에게 무엇을 의미할까? 우리는 ESG가 자본주의의 새로운 기준이 되고 있는 이 시대를 어떻게 이해하고 대응해야 할까?

환경 분야에서 가장 중요한 이슈 중 하나는 기후변화이다. 기업과 정부는 탄소중립을 목표로 하여 기후변화를 막기 위해 노력을 기울이고 있다. 기후변화에 신속하게 대응하지 않으면 지구의 생명과 경제에 심각하고 영구적인 영향을 미칠 수 있다. 실제로, 지구 곳곳에서는 기후변화로 인해 심각한 자연 재해가 발생하고 있다.

　예를 들어, 미국 캘리포니아 모하비 사막의 데스밸리에서는 기온이 섭씨 54.4℃까지 상승했다. 이로 인해 공기 중의 습기가 사라지고 숲이 건조해지며, 산불이 발생하기에 최적의 환경이 만들어졌다. 또 다른 예로, 동유럽 지역인 루마니아, 폴란드, 체코에서는 100년 만에 최악의 가뭄이 발생했다. 이 외에도 시베리아 북극해에서는 평소보다 400배 높은 농도의 메탄가스가 방출되고 있다.

　이러한 문제들은 우리 모두가 심각하게 받아들여야 하는 자연의 경고이다. ESG 경영의 중요성을 인식하고, 환경보호와 사회적 책임을 다하는 일이 필수적이다. 이 시대의 변화에 어떻게 대응할지에 대한 모두의 고민이 필요하다.

용어 ESG, CSR, CSV 차이점 이해

- ESG Environment, Social, Governance: **지속가능 경영**

  기업이 환경과 사회의 지속가능성을 해치지 않는 의사결정을 하는 경영이다. 기업 가치를 재무적 수치뿐 아니라 비재무적 요소들에서 찾는다.

- CSR Corporate Social Responsibility: **기업의 사회적책임**

  모든 이해관계자에게 경제, 법, 윤리, 사회, 환경적 책임을 지는 것이다. 즉 기업이 쌓아올린 수익 중 일부를 사회에 기부한다는 개념이다.

- CSV Creating Shared Value: **공유가치창출**

  사회, 환경 문제를 해결함과 동시에 이익도 창출하는 비즈니스 전략 모델이다. 즉 경제적 수입과 사회적 가치를 동시에 창출하는 경영 전략이다.

친환경 재활용 사회적 책임, ESG 강조

2021년 클라우스 슈바프는 WEF에서 '이해관계자 자본주의 2.0' 버전을 발표했다. 핵심 키워드는 성장Progress, 사람People, 지구Planet다. 경제가 지속적으로 성장해야 인류 번영을 달성할 수 있으며, 사람답게 사는 경제와 환경을 배려하는 3대 키워드가 선순환 돼야 한다는 게 슈바프 회장의 주장이다.

2030년까지 개인과 기관 투자자 ESG AUM 전망 (단위: 조 달러)

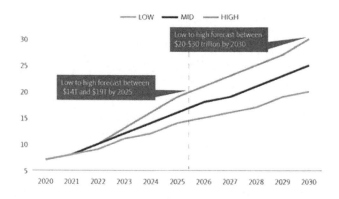

Source: Broadridge Global Market Intelligence. Excludes money market and fund of funds. Includes mutual funds, ETFs, institutional mandates, and private funds.

핀테크 기업인 브로드릿지 파이낸셜 솔루션(Broadridge Financial Solutions)은 보고서에서 전 세계 ESG 투자 규모가 2030년이 되면 30조 달러까지 불어날 수 있다고 밝혔다.

이제 자산이 2조원 이상인 코스피 상장사는 2025년부터 ESG의 지속가능경영 보고서를 공유해야 한다친환경, 사회적 책임. 2030년엔 모든 코스피 상장사로 확대 적용된다. 기업지배구조 보고서는 2019년부터 자산 2조원 이상 코스피 상장사에 공시 의무가 부과됐다. 2026년엔 전체 코스피 상장사로 확대된다.

파타고니아의 ESG 경영

앞서 ESG 경영 실현의 대표 기업, 선두주자로 미국의 아웃도어 브랜드 파타고니아를 소개했다. 기업의 매출과 이익에 직결되는 ESG 경영은 이제는 정말 필수 전략이다. ESG 경영을 모범적으로 실천하는 기업들은 종종 주가가 상승하는 경향을 보인다.

파타고니아는 매년 전체 매출의 1%를 '지구에 내는 세금'이라며 환경단체에 기부하며, 환경보호에 기여한다. 친환경 목화를 직접 재배하고, '제발 우리의 옷을 사지 말라'는 캠페인을 통해 소비를 줄이는 것이 환경에 도움이 된다고 홍보하기도 한다. 이러한 경영철학은 환경과 사회적 책임을 중시하는 MZ 세대의 마음을 사로잡았다.

회사의 슬로건인 "우리는 지구를 지키기 위해 사업을 한다"는 단순한 구호가 아니다. 파타고니아는 신소재 개발에 ESG 관점을 도입하여 친환경과 재활용 개념을 선도하며, 사회적 책임을 강조하는 지속 가능한 경영을 실천하고 있다. 특히 암벽 등반용 강철 피톤이 바위를 훼손하는 문제를 인식하고, 이를 대체할 친환경 알루미늄 초크를 개발하여 성공적으로 시장에 출시했다. 또한, 농약을 사용하지 않은 유기농 면 채택, 친환경 원자재를 사용한 의류 제작 등 지속가능한 제품 개발에 앞장서고 있다.

결론을 얘기하면, ESG 평가가 높은 기업들은 단순히 사회적 평판이 좋은 기업에 그치지 않는다. 이들은 위기와 리스크에 강한 기업으로 어떤 기업보다도 지속가능성과 사회적 가치를 중심으로 정책 방향을 설정하고 있다. 환경오염 문제를 해결하고 사회적 부가가치를 창출하기 위해 지속적으로 노력하기에, 장기적으로 더 큰 성공을 거둘 가능성이 높다. 파타고니아의 사례는 ESG 경영이 단순 유행이 아니라 장기적인 생존과 성장에 필수적인 전략임을 강력히 증명한다.

。ESG 소비

앞으로의 기업은 '돈을 어떻게 버는가'가 결정짓는다.

왜 우리는 ESG에 주목해야 하는가? 이건 선택적 상황이 아니라 의무적 상황이다. 전 세계 기업이 ESG 경영을 하지 않으면 수출과 투자

유치를 하기 힘든 상황이 도래했다. 더불어 기업들에게 넷제로 실천 계획을 요구한다. 여기에 사회적 공정을 중시하는 착한 기업에 미래 세대들이 열광하는 경향을 간과해서는 안 된다.

잘파Zalpha 세대는 1990년대 중반에서 2000년대 후반 태어난 Z세대와 2010년 이후 태어난 알파Alpha 세대를 아우르는 세대이다. MZ세대가 PC와 스마트폰의 영향을 받았다면 알파 세대는 태어날 때부터 스마트 기기를 접하고 AI 스피커와 대화하며 자랐다. 이 세대들의 특징은 가성비가격 대비 성능보다 가심비가격 대비 심리적 만족도를 중요시하는 세대들로서, 단순히 싸다고 물건을 구매를 하지 않는다. 자신의 신념에 부합하는 '가치소비'를 한다. 이를테면 구매하려는 제품이나 기업경영이 환경보호에 기여하는지, 윤리경영을 실천하는지를 따지는 세대들이다. 갈수록 결국 가치소비를 하는 이 잘파 세대들이 사회와 문화를 만들어 이끌어가게 될 것이다.

사전적 정의에 따르면 '가치소비'란 '브랜드나 광고에 휘둘리지 않고 본인의 가치 판단을 토대로 물건 및 서비스를 구매하는 소비 방식'을 뜻한다. 이에 한 갈래인 ESG 소비는 사회적 가치뿐만 아니라 환경적 가치, 기업의 윤리성과 투명성까지 고려해 구매를 결정하는 소비 방식이다. 이들은 모바일을 통해 각종 이슈에 적극적으로 참여하고 있다. 도덕성에 문제가 있는 제품이나 기업에 대해 불매운동을 벌이거나 경영진 사퇴 요구 등 행동으로 참여한다.

。환경 지속가능성 Environmental Sustainability

기후변화는 금융의 구조적 변화를 이끌고 있으며, ESG는 이에 발맞춰 사회적 책임을 다하는 기업에 투자하는 흐름을 의미한다. ESG는 기업의 활동이 환경과 사회에 미치는 영향을 구체화하고, 이를 측정 가능한 지표로 만들어 평가하는 것이 핵심이다.

환경 측면에서는 청정 기술의 활용, 탄소 배출 저감, 환경오염 방지, 자원 효율적 사용 등이 요구된다. 사회적 책임에는 고용, 양성평등, 인권 존중, 직원 안전, 제품 품질, 데이터 보안, 공급망 관리 등이 포함되며, 지배구조는 이사회의 투명성, 임원 보수의 적절성, 준법 경영 등을 통해 기업 운영의 투명성을 강조한다.

애플, 구글, 월마트 등 글로벌 기업들은 2050년 이전에 필요한 전력을 100% 재생에너지로 충당하겠다는 'RE100 캠페인'에 참여하고 있다. 앞으로 ESG는 글로벌 규범으로 자리 잡을 전망이며, 이를 준수하지 않는 기업은 국제 시장에서 경쟁력을 잃게 될 것이다.

▨ ESG 관련 용어 이해 ▨

- 자본주의 ESG: 경제학 이론에서 기업이 이윤을 추구하는 것은 자연스럽고 합리적인 행동이다. 대부분의 행동은 이윤 극대화에 합치하는 방향으로 움직인다.

- 그린워싱Greenwashing: '그린워싱'이란 말은 1990년대부터 쓰이기 시작했다. 친환경을 뜻하는 'Green'과 세탁을 뜻하는 'White washing'의 합성어다. 위장 환경주의로, 기업에서 실제론 친환경 경영을 하고 있지 않으나 마치 친환경인 것처럼 속여 홍보하는 것을 말한다.

- ESG ETF: KODEX K-신재생에너지액티브 ETF, ARIRANG ESG가치주액티브 ETF, KBSTAR ESG사회책임투자 ETF

- 신재생에너지 기업들로 구성된 ETF: KODEX K-신재생에너지액티브

˳ ESG 경영 기업의 주가

ESG에 앞장서는 기업들은 대체로 주가도 오르는 추세다. ESG 펀드에도 역시 자금이 모이고 있다. ESG 점수가 낮은 기업은 투자 대상에서 소외당하고 있다. 해외 기업 중 ESG 경영을 하는 기업으로는 애플, 네슬레, 파타고니아, 테슬라, 블랙록, 테스코, 셸 등이 있다.

ESG 경영 지수
① 두산
② KT
③ 현대두산인프라코어
④ LX하우시스
⑤ 아모레퍼시픽
⑥ 삼성엔지니어링
⑦ SK텔레콤

ESG 관련 국내 기업
한국가스공사, 두산중공업, SK이노베이션, 유한양행, LG생활건강, 현대글로비스, 한미약품

한국형 ESG 지수

2021년 기준 한국형 ESG 지수는 기업의 환경, 사회, 지배구조 수준을 각각 4:3:3 비중으로 나눠 평가한다. 만점 120점으로 환경부, 고용노동부, 보건복지부, 식품의약품안전처, 행전안전부, 금융감독원 전자공시스템 등 공신력 있는 공공기관을 포함해 대표적인 인증 및 협회, 고객만족도 조사, 신용회사채 등급, 기업공시, 증권사 심층 리포트 등이 활용된다.

。ESG 주요 평가기관

기업의 ESG 경영활동을 평가하는 다양한 국내외 기관

국내	한국 ESG 기준원, 한국 ESG 연구소, 서스틴베스트
국외	MSCI, S&P Global, CDP, EcoVadis, Sustainalytics, FTSE Russell, RepRisk, Vigeo Eiris

ESG 주요 평가요소

구분	평가 요소	주요평가항목
E (환경)	기후변화	
	오염과 폐기물	
	친환경 제품 및 기술	
	온실가스	
	에너지 사용	
	자원 및 순환경제	
	생물다양성	
S (사회)	인적자원 관리	
	안전보건	
	인권	
	소비자	
	공급망 관리	
	지역사회	

G (거버넌스)	주주 권리	
	이사회	
	윤리경영	
	위험 관리	
	투명한 정보 공개	
	정보 보호	
	금융배출량	
	책임투자	

주요 ESG 인증 기준

	ESG 인증 기준	기준 개념
1	ISAE3000	국제회계사연맹(IFAC) 산하 국제감사인증기준위원회(IAASB)에서 제정한 비재무정보 검증을 위한 기준으로, 주로 회계법인에서 사용
2	ISSA5000	국제회계사연맹(IFAC) 산하 국제감사인증기준위원회(IAASB)에서 제정 예정인 지속가능성 보고에 대한 인증업무 기준
3	AA1000AS	영국의 지속가능성 공시 검증 표준 개발 목적의 비영리기관인 AccountAbility(어카운트어빌리티)에서 제정한 재무·비재무적 영역을 포괄하는 방법론으로, 주로 회계법인 외 인증기관에서 사용

。지속가능 경영보고서 작성

ESG 공시 의무화는 예정되어 있다. 자산 2조원 이상 코스피 상장사는 2025년부터 환경과 사회적 책임활동을 포함한 지속가능성 경영보고서를 공시해야 한다. 2030년엔 모든 코스피 상장사로 확대 적용된다.

지속가능성 보고서Sustainability Report의 국제 표준은 GRIGlobal Reporting Initiative다. 기업은 지속가능 경영보고서를 통해 투자자에게 비즈니스 방향성이 어디로 향하는지를 제시할 수 있어야 한다.

[지속가능 경영보고서 작성 절차]

① 주제 선정

② 보고 기획

③ 내용 작성

④ 내용 검증

⑤ 대외 공개

[ESG 정보 얻기]

- 매일경제 ESG 홈페이지   - 지속가능발전소

- 사회적가치연구원   - 서스틴베스트

- 한국기업지배구조원   - 서스테널리틱스

- MSCI   - S&P글로벌

- 렙리스크   - 트루밸류랩스

정병태 교수의
'ESG 카본제로 이니셔티브 포럼Carbon Zero Initiative Forum'
강사 및 단체 구축 프로젝트

•

◆ **실천 환경경제 과제 1** : 우리 주변의 플라스틱 오염 문제를 실질적으로 해결하는 과제입니다. 일상에서 쉽게 접하는 버려진 플라스틱들의 환경적 영향을 사진으로 기록하고, 이를 해결할 대안을 제시하는 보고서를 작성합니다. 경제적 관점에서 효과적인 해결책을 탐구하며, 환경 문제의 심각성을 인식, 혁신적 아이디어를 제시하는 기회를 제공합니다.

◆ **실천 환경경제 과제 2** : '친환경', '기후위기', 'ESG 경영', '신재생에너지' 등 환경 이슈를 중심으로 실제 활동하는 단체나 포럼을 설계하고 운영하는 과제입니다. 참가자들은 환경 변화에 대응하는 단체를 만들고, 사회적 책임을 다하는 활동을 통해 기후위기 해결에 기여하는 실천적 리더십을 발휘하게 됩니다. 이를 통해 지역사회와 기업 환경에 긍정적인 영향을 미치는 경험을 쌓을 수 있습니다.

◆ **실천 환경경제 과제 3 -전문 강사 코칭 과정-** : 환경 이슈에 대해 배우고 연구하며, 이를 효과적으로 전달할 수 있는 전문 강사를 양성하는 과정입니다. 참가자는 환경 문제를 이해하고, 이를 교육하고 실천을 이끌어내는 리더로 성장하게 됩니다.

참고 문헌과 출처 현황

· 기상청, 한반도 기후변화 연구서

· 2022 신재생에너지백서, 한국에너지공단 신재생에너지센터

· 박혜진, 국내 ESG 펀드의 현황 및 특징 분석, 자본주의 연구원

· 한국표준협회, 지속가능성 보고서 통계, 2021

· 금융위원회, 〈기업공시제도 종합 개선바안〉 2023

· KCGS ESG 보고서, 2024년 ESG 평가 및 관련 지표 참고

· KECO 지속 가능성 보고서: 한국환경공단에서 발행한 2023-2024 지속
   가능성 보고서

· 신김 법률사무소 ESG 보고서: 2024년 ESG 관련 법률 및 정책에 대한 정보

· 삼성바이오로직스의 2024 ESG 보고서

· Enerdata World Energy Trends 2024

· 한국에너지공단 에너지 이슈 리포트, 2023

· KDI 에너지 정책 보고서

· Gwangju Climate & Energy Agency 보고서

· IEA World Energy Investment 2024: 국제 에너지 기구(IEA)에서 발행
   한 보고서

· Global Climate Highlights 2023 보고서

· 2022. 4. 국제학술지 네이처(Nature) 연구 자료

· Global Risks Report 2024

· 미국 환경보호청(EPA) 2024-2027 기후 적응 계획 자료

- 세계기상기구의 보고서, 2013

- 영국 런던정치경제대학(LSE) 그랜텀 기후변화 및 환경 연구소 보고서

- Emissions Gap Report 2024(배출량 격차 보고서 2024)

- 『적을수록 풍요롭다: 지구를 구하는 탈성장』 - 제이슨 히켈

- 『지구를 위하는 마음』 - 김명철

- 『생태적 삶』 - 티머시 모튼

- 『기후변화, 이제는 감정적으로 이야기할 때』 - 리베카 헌틀리

- 『에너지의 불편한 미래』 - 라스 쉐르니카우, 윌리엄 헤이든

- 『태양을 만드는 사람들』 - 나용수

- 『기후 위기: 우리가 알아야 할 모든 것』 - 마크 라이너스

- 『지구의 마지막 기회』 - 그레타 툰베리

- 『기후 변화와 인류의 미래』 - 제임스 한센

- 『기후 위기와 지속 가능한 발전』 - 에드워드 오스본 윌슨

- 『기후 변화의 정치』 - 다니엘 스티븐스

- 『소비하는 인간, 요구하는 인간』 - 김경은

- 『2050 거주불능 지구』 - 데이비드 월러스 웰즈

- 『기후를 위한 경제학』 - 김병권

- 『파란하늘 빨간지구』 - 조천호

- 『그레타 툰베리: 소녀는 어떻게 환경운동가가 되었나?』 - 알렉산드라 우르스만 오토

정보 출처

· Morice, CP, Kennedy, JJ, Rayner, NA, Winn, JP, Hogan, E., Killick, RE, et al. (2021). 1850년 이후 지표 근처 온도 변화에 대한 최신 평가: HadCRUT5 데이터 세트. Journal of Geophysical Research: Atmospheres, 126, e2019JD032361. https://doi.org/10.1029/2019JD032361

· Huang, B., X. Yin, MJ Menne, R. Vose, and H. Zhang, NOAA Global Surface Temperature Dataset (NOAAGlobalTemp), Version 6.0.0. NOAA National Centers for Environmental Information

· GISTEMP 팀, 2019: GISS 표면온도 분석(GISTEMP), 버전 4. NASA Goddard 우주 연구소. 데이터 세트는 https://data.giss.nasa.gov/gistemp/에서 AAAA 에 액세스했습니다. Lenssen, N., G. Schmidt, J. Hansen, M. Menne, A. Persin, R. Ruedy, D. Zyss, 2019: GISTEMP 불확실성 모델의 개선. J. Geophys. Res. Atmos., 124, no. 12, 6307-6326, doi:10.1029/2018JD029522.

· Forster, PM, Smith, CJ, Walsh, T., et al. (2024), Indicators of Global Climate Change 2023: annual update of large-scale Indicators of the state of the climate system and human influence, Earth Syst. Sci. Data, 16, 2625-2658

이미 시작된

기후 / 환경 / 에너지 / ESG 대전환

'RE100'

현재 지구는

얼마나 위험한 상황으로 달려가고 있을까?

기후를 위한 경제학

기업강의 문의

- 010.5347.3390
- jbt6921@hanmail.net